CB044960

Coleção **Legado da Fé**

Totalmente pela GRAÇA

Publicações
Pão Diário

Totalmente pela GRAÇA

por

Charles H. SPURGEON

Editor Geral: Lore Ferguson Wilbert

*…onde abundou o pecado,
superabundou a graça.*
—ROMANOS 5:20

Originally published in English under the title
Read and reflect with the classics: All of Grace, by Charles Haddon Spurgeon
Copyright © 2017 by B&H Publishing Group
Nashville, TN 37234 U.S.A

Coordenação editorial: Dayse Fontoura
Tradução: Cláudio F. Chagas
Revisão: Adolfo A. Hickmann, Dayse Fontoura, Dalila de Assis, Lozane Winter
Projeto gráfico e capa: Audrey Novac Ribeiro
Diagramação: Audrey Novac Ribeiro

Dados Internacionais de Catalogação na Publicação (CIP)

Spurgeon, Charles Haddon (1834–92)
Totalmente pela graça
Tradução: Cláudio F. Chagas — Curitiba/PR, Publicações Pão Diário
Título Original: *Read and reflect with the classics: All of Grace*
1. Graça divina   2. Salvação   3. Estudo bíblico   4. Discipulado

---

Proibida a reprodução total ou parcial sem prévia autorização, por escrito, da editora.
Todos os direitos reservados e protegidos pela Lei 9.610, de 19/02/1998.
Permissão para reprodução: permissao@paodiario.com

Exceto quando indicado o contrário, os trechos bíblicos mencionados são da edição Revista e Corrigida de João F. de Almeida © 2009 Sociedade Bíblica do Brasil.

Publicações Pão Diário
Caixa Postal 4190,
82501-970 Curitiba/PR, Brasil
publicacoes@paodiario.org
www.publicacoespaodiario.com.br
Telefone: (41) 3257-4028

Código: JX696
ISBN: 978-65-87506-30-2

1.ª impressão: 2021

Impresso no Brasil

Sumário

Carta ao leitor 7

Capítulo 1: A você 9

Capítulo 2: Em que situação estamos? 13

Capítulo 3: Aquele que justifica o ímpio 17

Capítulo 4: "É Deus quem os justifica" 29

Capítulo 5: O justo e o justificador 37

Capítulo 6: Sobre ser liberto do pecado 45

Capítulo 7: Pela graça, mediante a fé 55

Capítulo 8: O que é fé? 59

Capítulo 9: Como a fé pode ser ilustrada? 67

Capítulo 10: Por que somos salvos pela fé? 75

Capítulo 11: Ai de mim! Nada posso fazer! 81

Capítulo 12: O crescimento da fé 97

Capítulo 13: A regeneração e o
Espírito Santo 105

Capítulo 14: O Redentor vive 111

Capítulo 15: O arrependimento está
unido ao perdão 115

Capítulo 16: O arrependimento
é algo concedido 123

Capítulo 17: Medo de falhar ao final 129

Capítulo 18: Confirmação 137

Capítulo 19: Por que os santos
perseveram 145

Capítulo 20: Epílogo 151

Carta ao leitor

CHARLES HADDON SPURGEON pregou seu primeiro sermão aos 16 anos, e aos 20 já era pastor e autor de livros publicados. Sua fama aumentou rapidamente e, aos 22 anos, Spurgeon pregava regularmente a multidões de mais de 10 mil pessoas. Embora Spurgeon fosse tremendamente popular, e por mais amado que seja até hoje, sua vida não foi fácil, nem simples. Ele travou batalhas em prol da Bíblia em seu país natal, defendendo a autoridade das Escrituras; abraçou lutas pela dignidade humana contra muitos cristãos americanos, censurando os males da escravidão; e travou batalhas em seu próprio coração, lutando fortemente contra a depressão.

"Não é o objetivo deste livro cobrar algo de você, e sim dizer-lhe que a salvação é oferecida TOTALMENTE PELA GRAÇA. Isso significa que ela é grátis, gratuita, em troca de nada."

Aqui em *Totalmente pela Graça*, Spurgeon expõe a verdade do evangelho de que a salvação é disponibilizada total e unicamente pela graça de Deus. Nós não a merecemos, nem podemos adquiri-la por conta própria. Não podemos conquistá-la ou encontrá-la. A única maneira de recebê-la é ela lhe ser dada.

Oro para que, durante a leitura destas palavras de Spurgeon, você seja tomado de gratidão pela dádiva que recebeu de Deus. Oro para que você seja trespassado pelo evangelho e cheio da graça que somente Deus pode conceder

Capítulo 1

A VOCÊ

Para vocês que falaram e escreveram, esta mensagem será uma grande decepção se não conduzir muitos ao Senhor Jesus. Ela é enviada em pueril dependência do poder do Deus Espírito Santo, para ser usada na conversão de milhões, se Ele assim desejar. Sem dúvida, muitos homens e mulheres pobres pegarão este pequeno volume, e o Senhor os visitará com graça. Para atender a essa finalidade, foi escolhida a linguagem mais simples e foram usadas muitas expressões familiares. Porém, se os ricos e socialmente bem-posicionados lerem este livro, o Espírito Santo poderá impressioná-los também, pois aquilo que pode ser compreendido pelos iletrados não é menos atraente aos instruídos.

Ó, que alguns que o leiam se tornem grandes ganhadores de almas! Quem sabe quantos encontrarão o caminho para a paz com o que lerem aqui? A pergunta mais importante quanto a você, caro leitor, é: Você será um deles?

Certo homem construiu uma fonte à beira de um caminho e, próximo a ela, pendurou uma caneca utilizando uma pequena corrente. Algum tempo depois, disseram-lhe que um grande crítico de arte havia encontrado muitos defeitos em seu projeto. O homem perguntou: "Ainda assim, muitas pessoas sedentas bebem água ali?". Então, contaram-lhe que milhares de pessoas pobres — homens, mulheres e crianças — matavam sua sede naquela fonte. Ele sorriu e disse que pouco se importava com a observação do crítico e apenas esperava que, em algum dia abafado de verão, o próprio crítico pudesse encher a caneca, refrescar-se e louvar o nome do Senhor. Eis aqui a minha fonte e a minha caneca. Encontre falhas, se quiser, mas beba da água da vida. Eu só me importo com isso. Prefiro abençoar a alma do mais pobre varredor de ruas ou catador de sucata do que agradar a um nobre príncipe e falhar em convertê-lo a Deus.

Leitor, você está levando a sério a leitura destas páginas? Se está, concordamos desde o início, mas aqui o objetivo é nada menos do que você encontrar Cristo e o Céu. Ó, que possamos buscar isso juntos! Eu o faço dedicando este conteúdo com oração. Você não quer se juntar a mim buscando a Deus e pedindo a Ele que o abençoe enquanto lê?

A Providência colocou estas páginas no seu caminho. Você tem um tempinho livre para lê-las e está disposto a dar atenção a elas. Esses são bons sinais. Quem sabe se não chegou o momento da bênção para você? Seja como for, "Hoje, se ouvirdes a sua voz, não endureçais o vosso coração" (HEBREUS 3:15).

Oração
Pai, purifica meu coração enquanto leio este livro.
Concede-me humildade e uma doce consideração pelo que

A VOCÊ

tu ministrarás ao meu interior. Abranda meu coração. Disciplina-me. Conduze-me. Ensina-me. Ajuda-me a não ser leviano ou tirar conclusões que o escritor não pretendeu; em vez disso, permite-me aprender com alguém muito mais sábio do que eu. Ajuda-me a beber da caneca que Spurgeon oferece, cheia da água que o Teu Filho ofereceu à mulher junto ao poço: a água viva. Que ela me satisfaça! Em nome de Teu filho eu oro. Amém.

Capítulo 2

EM QUE SITUAÇÃO ESTAMOS?

Ouvi certa história, que penso ter vindo do País do Norte. Um ministro foi à casa de uma mulher pobre com a intenção de ajudá-la, pois sabia que ela era muito necessitada. Com o dinheiro na mão, ele bateu à porta, mas ela não respondeu. Ele concluiu que ela não estava em casa e foi embora. Pouco depois, encontrou-a na igreja e lhe disse que havia se lembrado da necessidade dela:

—Eu fui à sua casa e bati à porta várias vezes. Suponho que você não estava em casa, porque não obtive resposta.

—A que horas o senhor foi? — perguntou ela.

—Por volta do meio-dia — respondeu ele.

—Ó, eu o ouvi, senhor, e sinto muito por não o ter respondido, mas pensei que fosse o homem cobrando o aluguel — ela lhe disse.

Muitas mulheres pobres sabem o que isso significava. Agora, é meu desejo ser ouvido e, por isso, quero dizer que não estou cobrando o aluguel; de fato, não é o objetivo deste livro cobrar algo de você, e sim dizer-lhe que a salvação é oferecida totalmente pela graça. Isso significa que ela é grátis, gratuita, em troca de nada. Frequentemente, quando estamos ansiosos por chamar atenção, nosso ouvinte pensa: "Ah! Agora serei informado do meu dever. É o homem que reivindica o que é devido a Deus, e tenho certeza de que não tenho com o que pagar. Eu não estarei em casa". Não, este livro não vem lhe pedir algo, e sim lhe trazer algo. Não falaremos de lei, dever e punição, e sim de amor, bondade, perdão, misericórdia e vida eterna. Portanto, não se comporte como se não estivesse à vontade: não torne os seus ouvidos surdos, nem o seu coração desatento. Não estou lhe pedindo coisa alguma, quer em nome de Deus ou do homem. Não é minha intenção exigir qualquer coisa das suas mãos. Eu venho em nome de Deus para trazer-lhe uma dádiva gratuita, e recebê-la lhe dará alegria desde o presente até a eternidade. Abra a porta e permita as minhas súplicas entrarem.

Vinde, pois, e arrazoemos, diz o SENHOR... —ISAÍAS 1:18

O próprio Senhor o convida para uma deliberação sobre a sua felicidade imediata e infinita, e Ele não teria feito isso se não tivesse boas intenções para com você. Não recuse o Senhor Jesus, que bate à sua porta, pois Ele bate com uma das mãos que foi pregada no madeiro por pessoas que se encontram como você. Visto que Seu único objetivo é o seu bem, incline seu ouvido e achegue-se a Ele. Ouça atentamente e permita a boa palavra adentrar a sua alma. Pode ser chegada a hora de você entrar na nova vida que é o início do Céu. A fé vem pelo ouvir, e ler é uma espécie de ouvir: a fé pode vir a você enquanto você estiver lendo este livro. Por que não? Ó bendito Espírito de toda graça, faze com que seja assim!

Perguntas para estudo bíblico
1. Pense em alguém citado nas Escrituras que mentiu por medo do que Deus lhe pediria. O que isso diz acerca dessa pessoa? E de Deus?
2. De que maneira Deus reagiu à mentira dela?
3. Como Deus responde ao medo?

Perguntas para reflexão pessoal
1. Quando você sabe que Deus está pedindo algo de você, geralmente a sua resposta é confiar nele ou temer o resultado? Por quê?
2. O que Deus está pedindo a você hoje? Qual o resultado que você teme se confiar no Senhor e obedecer-lhe? O que esse resultado extrai ou acrescenta a sua vida?
3. O que você fará?

Oração
Pai, concede-me fé para atender à porta quando tu bateres. Para confiar que tu és um Pai que faz o bem aos Seus filhos e, se eu sou Teu, nada tenho a temer. Nem mesmo o pior que possa me acontecer aqui na Terra pode me furtar de ti ou me afastar do Teu favor ou da promessa de eternidade contigo. Ajuda-me a abrir totalmente a porta a tudo que me pedires, confiando totalmente em ti, entregando totalmente a minha vida Àquele que tem tudo

em Suas soberanas mãos. Obrigado por enviares o Teu Filho como promessa do Teu amor. É somente por causa dele que posso orar e, assim, agradecer-te. Amém.

Capítulo 3

AQUELE QUE JUSTIFICA O ÍMPIO

A mensagem do Senhor é para você. Veja estas palavras da carta aos romanos: "...ao que não trabalha, porém crê naquele que justifica o ímpio, a sua fé lhe é atribuída como justiça" (4:5). Chamo a sua atenção para as palavras "naquele que justifica o ímpio". Elas me parecem palavras muito maravilhosas. Você não está surpreso por encontrar na Bíblia tal expressão — "que justifica o ímpio"? Ouvi dizer que homens que odeiam as doutrinas sobre a cruz fazem disso uma acusação contra Deus — Ele salvar os ímpios e receber para si o mais vil dos vis. Veja como esse versículo aceita tal acusação e a declara abertamente! Pela boca de Seu servo Paulo, por inspiração do Espírito Santo, Deus toma para si o título de "Aquele que justifica o ímpio". Ele torna justos os injustos, perdoa os que merecem ser punidos e favorece os que não merecem favor.

Você pensava que a salvação era para os bons, não pensava? Que a graça de Deus era para os puros e santos, que estão isentos de pecado? Passou pela sua mente que, se você fosse excelente, Deus o recompensaria; e você pensou que, por não ser digno, não há maneira alguma de você desfrutar do Seu favor. Você deve ficar um pouco surpreso ao ler um texto como este: "Aquele que justifica o ímpio". Não me surpreende que você esteja surpreso, pois, apesar de toda a minha familiaridade com a grande graça de Deus, eu nunca deixo de me maravilhar com ela. Não parece assombroso ser possível ao Deus santo justificar um homem ímpio? Segundo a permissividade natural de nosso coração, nós estamos sempre falando sobre nossa própria bondade e nosso próprio valor, e teimosamente defendemos que precisa haver algo em nós que conquiste a atenção de Deus. Ora, Deus, que vê através de todos os enganos, sabe que não há em nós bondade alguma. Ele diz: "Não há justo, nem um sequer" (ROMANOS 3:10). Ele sabe que "todas as nossas justiças [são] como trapo da imundícia" (ISAÍAS 64:6); portanto, o Senhor Jesus não veio ao mundo para procurar bondade e justiça para com Ele, mas para conferi-las a pessoas que não as possuem. Ele não veio porque somos justos, e sim para nos tornar justos: Ele justifica o ímpio.

Quando um advogado entra no tribunal, se for um homem honesto, deseja pleitear a causa de uma pessoa inocente e justificá-la perante o júri pelas coisas falsamente atribuídas a ela. Deve ser o objetivo do advogado justificar a pessoa inocente, e ele não deve tentar atenuar a parte culpada. Não é direito do homem, nem poder do homem, justificar verdadeiramente o culpado. Esse é um milagre reservado unicamente ao Senhor. Deus, o Soberano infinitamente justo, sabe que não há na Terra um homem justo que faz o bem e evita o pecado; portanto, na infinita soberania de Sua natureza divina e no esplendor de Seu amor inefável, Ele assume a tarefa, não tanto de justificar o justo quanto de justificar o ímpio. Deus concebeu maneiras e meios de fazer com que o homem ímpio fosse justamente aceito diante dele: Ele estabeleceu um sistema pelo qual, com perfeita justiça, pode tratar o culpado como se, em toda a sua vida, houvesse estado isento de transgressões — sim, pode tratá-lo como se ele fosse totalmente isento de pecados. Ele justifica o ímpio. Jesus Cristo veio ao mundo para salvar pecadores. Isto é algo muito surpreendente — algo para maravilhar extremamente quem desfruta disso.

Sei que, para mim, a maior maravilha que ouvi até hoje é que Deus deva me justificar. Sem Seu todo-poderoso amor, sinto-me um monte de indignidade, uma massa de corrupção e uma pilha de pecados. Sei, com plena certeza, que sou justificado pela fé que está em Cristo Jesus, tratado como se tivesse sido perfeitamente justo e feito herdeiro de Deus e coerdeiro com Cristo; contudo, por natureza, preciso ocupar meu lugar entre os maiores pecadores. Eu, que sou totalmente não merecedor, sou tratado como se fosse merecedor.

Sou amado com tanto amor quanto se sempre tivesse sido piedoso, embora antes fosse ímpio. Quem pode evitar ficar surpreso diante disso? A gratidão por tal favor está envolvida de espanto.

Ora, embora essa verdade seja muito surpreendente, quero que você perceba o quanto ela torna o evangelho disponível para você e para mim. Se Deus justifica o ímpio, então, querido amigo, Ele pode justificar você. Não é exatamente esse o tipo de pessoa que você é? Se você não é convertido neste momento, é uma descrição muito adequada de você, pois viveu sem Deus, foi o oposto de piedoso. Assim, em uma palavra, você foi e é ímpio. Talvez você nem tenha ido a um local de culto aos domingos, mas viveu em desrespeito ao dia, à casa e à Palavra de Deus — isso prova que você foi ímpio. Mais triste ainda: pode ser que você tenha até tentado duvidar da existência de Deus e chegado a dizer que o fez. Você viveu nesta bela Terra, que está repleta dos sinais da presença de Deus e, nesse tempo todo, fechou os olhos para as claras evidências de Seu poder e divindade. Você viveu como se Deus não existisse. De fato, você teria ficado muito satisfeito se houvesse conseguido estabelecer a si mesmo uma certeza de que Deus não existe. Possivelmente, você já viveu muitos anos dessa maneira, de modo que, agora, está muito bem acomodado em seus caminhos, mas Deus não está em qualquer um deles. Se você fosse rotulado de ímpio, isso também o descreveria da mesma forma como se o mar fosse rotulado de água salgada. Não é verdade?

Possivelmente, você é outro tipo de pessoa: você tem frequentado regularmente todas as formas aparentes de religião, mas não se empolgou por nenhuma delas e tem sido realmente ímpio. Embora você se encontre com o povo de Deus, nunca se encontrou com Deus para si mesmo; você esteve no coral, mas não louvou ao Senhor de coração. Você tem vivido sem qualquer amor a Deus em seu coração ou consideração aos Seus mandamentos em sua vida. Bem, você é exatamente o tipo de homem a quem esse evangelho é enviado — o evangelho que diz que Deus justifica o ímpio. Ele é muito maravilhoso, e este, felizmente, está disponível para você. Ele combina certinho com você, não? Como eu gostaria que você o aceitasse! Se você for um homem sensato, verá a notável graça de Deus em fornecê-lo a pessoas como você e dirá a si mesmo: "Justifica o ímpio! Por que, então, eu não deveria ser justificado, e imediatamente?".

Observe, além disso, que é imprescindível que a salvação, proveniente de Deus, seja para quem não a merece e não está preparado para ela. É razoável que tal afirmação seja encontrada na Bíblia, porque, caro amigo, ninguém mais precisa de justificação senão quem não a tem por si mesmo. Se algum dos meus leitores for perfeitamente justo, não desejará a justificação. Você sente que está cumprindo bem o seu dever e quase colocando o Céu em posição de obrigação para com você. Para que você quer um Salvador ou misericórdia? Para que você deseja justificação? Você já deve estar cansado deste livro, pois ele não será do seu interesse. Se algum de vocês estiver se ensoberbecendo demasiadamente, escute-me um pouco. Você estará perdido, tão certamente quanto está vivo. Vocês, homens justos, cuja justiça é de sua total concepção, são enganadores ou enganados, visto que a Palavra de Deus não pode mentir e afirma claramente: "Não há justo, nem um sequer" (ROMANOS 3:10). Em qualquer caso, eu não tenho evangelho algum para pregar aos fariseus. Não, sequer uma palavra. O próprio Jesus Cristo não veio para chamar os justos; eu não farei o que Ele não fez. Se eu o chamasse, você não viria; por isso, não o chamarei, devido a esse caráter. Não — peço que, em vez disso, você olhe para a sua retidão até ver que engano ela é. Ela não tem metade da substância de uma teia de aranha. Livre-se dela! Fuja dela! Ó, acredite que as únicas pessoas que carecem de justificação são as que não são justas em si mesmas! Elas precisam que algo seja feito por elas para torná-las justas diante do tribunal de Deus. Pode ter certeza de que o Senhor só faz o que é necessário. A infinita sabedoria nunca tenta fazer o desnecessário. Jesus jamais empreende o supérfluo. Tornar justo aquele que é justo não é trabalho digno de Deus; seria trabalho de um tolo. Porém tornar justo quem é injusto — isso, sim, é trabalhar por infinito amor e misericórdia. Justificar o ímpio é um milagre digno de Deus. E, com certeza, é assim.

Veja bem. Se em qualquer parte do mundo houver um médico que descobriu remédios seguros e preciosos, a quem esse médico é enviado? Às pessoas perfeitamente saudáveis? Penso que não. Coloque-o em uma região onde não haja enfermos, e ele sentirá que ali não é o lugar dele. Nada há para ele fazer. "Os sãos não precisam de médico, e sim os doentes" (MARCOS 2:17). Não é igualmente claro que os grandes remédios da graça e da redenção são para os doentes de alma? Eles não podem ser para os sãos, porque não podem ser úteis para tais pessoas. Se você, caro amigo, sente-se espiritualmente doente, o Médico veio ao mundo por você. Se você está totalmente destruído, em decorrência do seu pecado, você é exatamente a pessoa, o alvo no plano da salvação. Digo que o Senhor de amor tinha em Seus olhos pessoas exatamente como você ao planejar o sistema da graça. Suponha que um homem generoso resolvesse perdoar todas as pessoas que lhe devem; é claro que isso só pode aplicar-se a quem realmente lhe deve. Certa pessoa deve a ele mil libras; outra lhe deve cinquenta libras; cada uma só tem de receber em sua conta o carimbo de "pago" para ter sua dívida cancelada. Porém a mais generosa de todas as pessoas não pode perdoar as dívidas de quem nada lhe deve. Está fora do domínio da Onipotência perdoar onde não há pecado. Portanto, o perdão não pode ser para quem não tem pecado. O perdão precisa ser para o culpado. O perdão precisa ser para o pecador. É um absurdo falar em perdoar quem não precisa de perdão — perdoar quem nunca transgrediu.

Você pensa estar obrigatoriamente perdido por ser pecador? Esse é o motivo pelo qual você pode ser salvo. Pelo fato de você se reconhecer como pecador, eu o incentivaria a crer que a graça é destinada a pessoas como você. Um de nossos autores de hinos até ousou dizer: "Um pecador é algo sagrado; o Espírito Santo assim o fez"[1]. É verdade que Jesus busca e salva o perdido. Ele

---

[1] Joseph Hart, *A Sinner Is a Sacred Thing* (Um pecador é algo sagrado).

morreu e fez uma expiação legítima por verdadeiros pecadores. Quando os homens não estão fazendo jogos de palavras ou se autodenominando "miseráveis pecadores" por mero elogio, sinto-me extremamente feliz por encontrá-los. Eu ficaria contente por falar a noite toda a pecadores genuínos. A estalagem da misericórdia jamais fecha suas portas para eles — nem nos dias de semana, nem no domingo. Nosso Senhor Jesus não morreu por pecados imaginários: o sangue de Seu coração foi derramado para lavar manchas carmesim profundas, que nada mais consegue remover. O pecador espurco é o tipo de homem que Jesus Cristo veio limpar.

Certa ocasião, um ministro do evangelho trouxe um sermão baseado em Lucas 3:9, que declara: "E também já está posto o machado à raiz das árvores". Ele pregou de tal forma que um de seus ouvintes lhe disse: "Alguém poderia pensar que você estava pregando a criminosos. O seu sermão deveria ter sido feito na prisão da cidade". O bom homem disse: "Ó, não. Se eu estivesse pregando na prisão da cidade, não usaria esse texto; ali, deveria pregar: 'Fiel é a palavra e digna de toda aceitação: que Cristo Jesus veio ao mundo para salvar os pecadores'" (1 TIMÓTEO 1:15). Apenas isso. A lei é para os hipócritas, para humilhar seu orgulho; o evangelho é para os perdidos, para remover seu desespero. Se você não está perdido, para que quer um Salvador? O pastor deve ir atrás daqueles que nunca se extraviaram? Por que a mulher deveria varrer sua casa em busca das moedas que nunca saíram de sua bolsa? Não, o remédio é para os enfermos; o avivamento é para os mortos; o perdão é para os culpados; a libertação é para os presos; o abrir dos olhos é para os cegos.

Como podem ser considerados o Salvador, Sua morte na cruz e o evangelho do perdão, senão sob a suposição de que os homens são culpados e dignos de condenação? O pecador é a razão da existência do evangelho. Você, meu amigo, a quem essa palavra agora chega — se você não é merecedor, pouco merecedor, merecedor do inferno, você é o tipo de homem para quem o evangelho foi ordenado, concebido e proclamado. Deus justifica o ímpio. Eu gostaria de deixar isso bem claro. Espero já tê-lo feito; ainda assim, embora seja claro, somente o Senhor é capaz de fazer um homem enxergar esse fato. À primeira menção, parece totalmente surpreendente para um homem avivado que a salvação deva realmente ser para ele como pessoa perdida e culpada. Ele pensa que ela só pode ser para ele como um homem penitente, esquecendo-se de que sua penitência faz parte da sua salvação. Ele diz: "Ó, mas eu só posso ser isso e aquilo" — tudo verdade, porque ele será isso e aquilo como resultado da salvação; porém, a salvação vem a ele antes de ele ter qualquer um dos resultados da salvação. Ela lhe vem, de fato, enquanto ele merece apenas a mera, miserável, vil e abominável descrição de "ímpio". Isso é tudo o que ele é quando o evangelho de Deus chega para justificá-lo. Permita-me, portanto, exortar qualquer um que nada tenha de bom sobre si mesmo — que tema não ter sequer um bom sentimento ou qualquer coisa que possa recomendá-lo a Deus — que creia firmemente que o nosso gracioso Deus é capaz e desejoso de aceitá-lo sem nada que o recomende e de perdoá-lo espontaneamente, não porque você seja bom, mas porque Ele é bom. O Senhor não faz o Seu sol brilhar sobre os maus tanto quanto sobre os bons? Ele não dá estações frutíferas e envia a chuva e o sol a seu tempo sobre as nações mais ímpias? Sim, até mesmo Sodoma tinha seu sol e Gomorra tinha seu orvalho. Ó, amigo, a grande graça de Deus supera a minha concepção e a sua concepção, e eu gostaria que você pensasse nela dignamente! "Porque, assim como os céus são mais altos do que a terra", os pensamentos de Deus são mais altos do que os nossos pensamentos (ISAÍAS 55:9). Ele pode perdoar abundantemente. Jesus Cristo veio ao mundo para salvar os pecadores: o perdão é para os culpados. Não tente se maquiar e tornar-se algo diferente do que você realmente é; em vez disso, vá como você está Àquele que justifica o ímpio.

Pouco tempo atrás, um grande artista havia pintado uma parte da liderança política da cidade onde vivia e, para fins históricos, quis incluir no quadro certos personagens bem conhecidos na cidade. Um varredor de ruas, mal cuidado, esfarrapado e imundo, era conhecido de todos, e havia um lugar adequado para ele no quadro. O artista disse àquele indivíduo esfarrapado e rude: "Eu lhe pagarei bem se você vier ao meu estúdio e me deixar pintar a sua imagem". Ele apareceu pela manhã, mas logo foi enviado para cuidar de seus afazeres, pois havia lavado o rosto, penteado o cabelo e vestido roupas respeitáveis. Ele era necessário como maltrapilho, não tendo sido convidado a apresentar-se com qualquer outra aparência. Da mesma forma, o evangelho receberá você em seus salões se você for como pecador, não de outra maneira. Não espere por reforma — vá diretamente à salvação. Deus justifica o ímpio, e isso leva você até onde está agora: encontra você em seu pior estado. Vá despido. Quero dizer, vá ao seu Pai celestial com todos os seus pecados e sua pecaminosidade. Vá a Jesus exatamente como você está: leproso, imundo, nu, sem serventia para viver nem para morrer. Vá, você que é o próprio detrito da criação; vá, ainda que mal se atreva a esperar outra coisa senão a morte. Vá, embora o desespero esteja pairando sobre você, pressionando o seu peito como um horrível pesadelo. Vá e peça ao Senhor para justificar mais um ímpio. Por que Ele não o faria? Vá, porque essa grande misericórdia de Deus é destinada a pessoas como você.

Coloquei no texto, e não posso dizer de maneira mais enfática: o próprio Senhor Deus toma para si o gracioso título de

"Aquele que justifica o ímpio" (ROMANOS 4:5). Ele torna justos e faz com que sejam tratados como justos aqueles que, por natureza, são ímpios. Essa não é uma palavra maravilhosa para você? Leitor, não se demore em ponderar longamente sobre essa questão.

Perguntas para estudo bíblico
1. Leia Romanos 5.
2. O que essa passagem diz que Deus fez e faz? O que o homem fez e faz?

Perguntas para reflexão pessoal
1. Você se pega contando seus méritos ou seus pecados? Qual deles você mais conta? Por quê?
2. De que maneira a soma de seus méritos ou de seus pecados muda o modo como você enxerga e entende o evangelho em sua vida?
3. O que é melhor do que contar seus méritos ou pecados?

Oração
Pai, sou um acumulador e colecionador de meus pecados e de meus méritos. Nos meus dias bons, somo as maneiras como me provei diante de ti, limpei-me o suficiente para estar diante de ti sem pecado. Nos meus dias ruins, cerco-me de vergonha ao examinar as maneiras pelas quais falhei contigo em pecado e nunca poderei entrar no Teu santo lugar. Pai, ajuda-me a enxergar que

nenhuma dessas posições é de alguém que crê plenamente no evangelho. Sou inteiramente pecador e totalmente justificado pela obra do Teu Filho na cruz. Não sou merecedor da minha salvação e não posso perdê-la. Não posso conquistar a Tua aprovação e não posso estar demasiadamente envolto em pecado para que tu me recuses. A beleza do evangelho é a plenitude dele, e eu não posso acreditar que tu o deste a mim. Estou perplexo com isso hoje. Mantém-me sempre maravilhado com ele, nunca o perdendo de vista, agarrando-me mais a essa verdade do que jamais poderia me agarrar à minha justiça criada pelo homem. Obrigado. Em nome do Teu Filho, amém.

Capítulo 4

"É DEUS QUEM OS JUSTIFICA"

Que coisa maravilhosa é ser justificado ou tornado justo! Se nunca houvéssemos infringido as leis de Deus, não precisaríamos disso, pois seríamos justos por nós mesmos. Aquele que, durante toda a sua vida, fez as coisas que deveria ter feito e nunca fez algo que não deveria ter feito é justificado pela Lei. Porém estou certo de que você, caro leitor, não é desse tipo. Você é demasiadamente honesto para fingir que não tem pecado e, portanto, precisa ser justificado. Contudo, se você se autojustificar, estará simplesmente enganando a si mesmo. Sendo assim, não tente fazer isso. Nunca vale a pena. Se você pedir a outros mortais que o justifiquem, que poderão eles fazer? Você poderá fazer com que alguns deles falem bem de você em troca de pequenos favores; outros o caluniarão por menos do que isso. O julgamento deles não vale muito. O texto bíblico afirma: "É Deus quem os justifica" (ROMANOS 8:33), e isso é muito mais pertinente. É um fato surpreendente que devemos considerar com cuidado: Deus é o justificador! Venha e veja.

Primeiro, ninguém além de Deus jamais teria pensado em justificar os culpados. Eles viveram em franca rebeldia; fizeram o mal com as duas mãos; foram de mal a pior; voltaram ao pecado mesmo após haverem sofrido suas consequências e sido, portanto, forçados a abandoná-lo durante algum tempo. Eles infringiram a Lei e pisotearam o evangelho. Recusaram proclamações de misericórdia e persistiram na impiedade. Como podem eles ser perdoados e justificados? Seus semelhantes, desesperados com eles, dizem: "Eles são casos perdidos". Até mesmo cristãos olham para eles com tristeza em vez de esperança. Porém isso não se aplica ao seu Deus. No esplendor de Sua graça eletiva, havendo escolhido alguns deles antes da fundação do mundo, Ele não descansará enquanto não os houver justificado e os tornado aceitos no Amado. Não está escrito: "aos que predestinou, a esses também chamou; e aos que chamou, a esses também justificou; e aos que justificou, a esses também glorificou" (ROMANOS 8:30)? Assim, você vê que há alguns a quem o Senhor decide justificar; por que você e eu não estaríamos entre eles? Ninguém, exceto Deus, jamais haveria pensado em me justificar. Eu sou um milagre para mim mesmo. Não duvido que essa graça seja vista igualmente nos outros. Veja Saulo de Tarso, que espumava de raiva contra os servos de Deus. Como um lobo faminto, ele afligia os cordeiros e as ovelhas por todos os lados. Ainda assim, Deus o derrubou na estrada para Damasco, e transformou seu coração, e o justificou tão completamente que, em pouco tempo, esse homem se tornou o maior pregador da justificação pela fé que já viveu. Ele deve ter se maravilhado frequentemente por haver sido justificado pela fé em Cristo Jesus, uma vez que havia sido um ferrenho defensor da salvação pelas obras da Lei. Ninguém, a não ser Deus, jamais pensaria em justificar um homem como Saulo, o perseguidor, mas o Senhor Deus é glorioso em graça. No entanto, ainda que alguém houvesse pensado em justificar os ímpios, ninguém além de Deus poderia tê-lo feito. É totalmente impossível para qualquer pessoa perdoar ofensas que não foram cometidas contra ela. Uma pessoa o feriu gravemente; você pode perdoá-la, e eu espero que o faça, mas nenhuma outra pessoa além de você poderá perdoá-la. Se o mal é feito a você, o perdão precisa vir de você. Se nós pecamos contra Deus, cabe a Deus perdoar, visto que o pecado é contra Ele mesmo. É por isso que, no Salmo 51, Davi declara: "Pequei contra ti, contra ti somente, e fiz o que é mal perante os teus olhos" (V.4) — porque Deus, contra quem a ofensa é cometida, pode perdoar a ofensa. Aquilo que devemos a Deus, nosso grande Criador pode perdoar, se assim lhe agradar; e, se Ele perdoar, estará perdoado. Ninguém, a não ser o grande Deus, contra quem cometemos o pecado, pode apagar tal pecado; tratemos, portanto, de ir a Ele e buscar a misericórdia em Suas mãos. Não sejamos desviados por aqueles que querem que confessemos a eles; a Palavra de Deus não autoriza as suas pretensões. Porém, mesmo que eles tenham sido ordenados para pronunciar absolvição em nome de Deus, certamente será melhor irmos ao grande Senhor por meio de Jesus Cristo, o Mediador, a fim de buscar e encontrar o perdão em Suas mãos, pois temos certeza de que essa é a maneira certa. Religião por procuração envolve um risco muito grande: é melhor você mesmo cuidar dos assuntos de sua alma e não os deixar nas mãos de outros. Somente Deus pode justificar o ímpio, mas Ele pode fazer isso com perfeição. Ele lança os nossos pecados para trás de si; Ele os apaga; Ele diz que, ainda que eles sejam procurados, não serão encontrados. Sem outra razão para isso senão a Sua própria bondade infinita, Ele preparou um caminho glorioso pelo qual pode tornar os pecados escarlates tão brancos quanto a neve e afastar de nós as nossas transgressões tanto quanto o oriente dista do ocidente. Ele diz: "dos seus pecados jamais me lembrarei" (JEREMIAS 31:34). E chega a ponto de pôr fim ao pecado. Alguém da antiguidade proclamou com admiração: "Quem, ó Deus, é semelhante a ti, que perdoas a iniquidade e te esqueces da transgressão do restante da tua herança? O SENHOR não retém a sua ira para sempre, porque tem prazer na misericórdia" (MIQUEIAS 7:18).

Não estamos falando agora de justiça, nem de Deus lidar com os homens segundo os méritos deles. Se você professa tratar com o justo Senhor nos termos da Lei, a ira eterna o ameaça, pois ela é o que você merece. Bendito seja o nome do Senhor! Ele não tratou conosco segundo os nossos pecados; agora, porém, Ele trata conosco em termos de graça gratuita e infinita compaixão e diz: "Eu o receberei graciosamente e o amarei incondicionalmente". Creia, porque certamente é verdade que o grande Deus é capaz de tratar o culpado com abundante misericórdia; sim, Ele é capaz de tratar os ímpios como se sempre tivessem sido piedosos.

Leia atentamente a parábola do filho pródigo e veja de que maneira o pai perdoador recebeu o errante retornado com tanto amor como se ele nunca tivesse partido nem se contaminado com prostitutas. Ele fez isso a tal ponto que o irmão mais velho começou a resmungar, mas o pai jamais removeu o seu amor. Ó, meu irmão, por mais culpado que você possa ser, se apenas estiver disposto a voltar ao seu Deus e Pai, Ele o tratará como se você nunca tivesse agido mal! Ele o considerará justo e tratará com você conformemente. O que você diz quanto a isso? Você não vê — porque eu quero deixar claro que é uma coisa esplêndida — que, embora ninguém, exceto Deus, pensaria em justificar o ímpio, e ninguém exceto Deus poderia fazer isso, o Senhor pode fazê-lo." Veja como o apóstolo coloca o desafio: "Quem intentará acusação contra os eleitos de Deus? É Deus quem os justifica" (ROMANOS 8:33). Se Deus justificou um homem, está bem feito, corretamente, com justiça, eternamente. Em uma revista cheia de veneno contra o evangelho e aqueles que o pregam, li uma afirmação de que defendemos algum tipo de teoria pela qual imaginamos que o pecado pode ser removido dos homens. Nós não defendemos uma teoria: proclamamos um fato! O maior fato debaixo do céu é que Cristo, por Seu precioso sangue, realmente remove o pecado; e que, por amor a Cristo, Deus, ao tratar com os homens nos termos da divina misericórdia, perdoa os culpados e os justifica, não segundo qualquer coisa que Ele vê neles ou prevê que estará neles, mas segundo as riquezas de Sua misericórdia, que jazem em Seu próprio coração. Isso nós pregamos, continuamos pregando e pregaremos enquanto vivermos. "É Deus quem os justifica" — que justifica os ímpios. Ele não tem vergonha de fazê-lo, nem nós de pregá-lo. A justificação que vem do próprio Deus precisa estar fora de questão. Se o juiz me absolve, quem pode me condenar? Se o supremo tribunal do Universo me declarou justo, quem intentará acusações contra mim? A justificação proveniente de Deus é uma resposta suficiente para uma consciência avivada. Por meio dessa justificação, o Espírito Santo sopra paz sobre toda a nossa natureza, e nós deixamos de ter medo. Com essa justificação, podemos responder a todos os rugidos e injúrias de Satanás e dos homens ímpios. Com ela, seremos capazes de morrer; com ela, nos reergueremos ousadamente e enfrentaremos o grande julgamento final. "Ousado me levantarei naquele grande dia, pois quem me acusará de quê, enquanto, por meu Senhor, sou absolvido da tremenda maldição e culpa do pecado?" Amigo, o Senhor pode apagar todos os seus pecados. Eu não dou um tiro no escuro ao dizer: "todo pecado e blasfêmia serão perdoados aos homens" (MATEUS 12:31). Embora você esteja mergulhado até o pescoço no crime, Ele pode, com uma palavra, remover a contaminação e dizer "Quero, fica limpo" (MATEUS 8:3). O Senhor é um grande perdoador.

O Credo Apostólico afirma: Creio "na remissão [perdão] dos pecados". Você crê? Deus pode, inclusive neste momento, pronunciar a sentença: "Perdoados são os teus pecados; vai em paz". Se Ele fizer isso, nenhum poder que há no Céu, na Terra, embaixo da terra poderá colocar você sob suspeita, muito menos sob ira. Não duvide do poder do amor do Todo-poderoso. Você não conseguiria perdoar o seu próximo se ele o tivesse ofendido como você ofendeu a Deus, mas você não deve medir o cereal de Deus com a sua medida; os pensamentos e caminhos de Deus estão muito acima dos seus quanto os Céus estão da Terra.

Você diz: "Bem, seria um grande milagre se o Senhor me perdoasse". Exatamente! Seria um milagre supremo e, portanto, é provável que Ele o faça; pois Ele faz "coisas grandes e inescrutáveis" (JÓ 5:9) que não esperávamos. Eu próprio fui atingido por um terrível sentimento de culpa, o que tornou minha vida uma miséria para mim; mas, quando ouvi a ordem: "Olhai para mim e sede salvos, todos os confins da terra: porque eu sou Deus, e não há outro" (ISAÍAS 45:22), olhei, e, em um momento, o Senhor me justificou. Jesus Cristo, feito pecado por mim, foi o que eu vi, e aquela visão me deu descanso. Quando aqueles que foram picados pelas serpentes de fogo no deserto olharam para a serpente de bronze, foram curados imediatamente; e eu estava na mesma condição que eles quando olhei para o Salvador crucificado. O Espírito Santo, que me capacitou a crer, me deu paz por acreditar. Eu tinha tanta certeza de que estava perdoado quanto antes estava certo de estar condenado. Tinha certeza de minha condenação visto que a Palavra de

Deus o declarou, e minha consciência deu testemunho disso; mas, quando o Senhor me justificou, tive plena certeza disso pelas mesmas testemunhas. A Palavra do Senhor nas Escrituras afirma: "Quem crê nele não é condenado" (JOÃO 3:18), e minha consciência dá testemunho de que eu cri e que Deus, ao me perdoar, é justo. Assim, tenho o testemunho do Espírito Santo e minha própria consciência, e esses dois concordam em um. Ó, como eu gostaria que meu leitor recebesse o testemunho de Deus sobre este assunto, e então, em breve, ele também teria o testemunho em si mesmo! Atrevo-me a dizer que um pecador justificado por Deus tem uma base ainda mais segura do que um homem íntegro justificado por suas obras, se é que existe algum. Jamais poderíamos ter certeza de que já teríamos feito obras suficientes; a consciência sempre ficaria inquieta para que, afinal de contas, não nos faltasse, e apenas poderíamos ter o veredicto instável de um julgamento falível em que confiar. Mas, quando o próprio Deus justifica e o Espírito Santo dá testemunho disso, concedendo-nos paz com Deus, então sentimos que o assunto está certo e resolvido, e entramos em descanso. Nenhuma língua pode dizer a profundidade daquela calma que se apodera da alma que recebeu a paz de Deus que excede todo o entendimento.

Perguntas para estudo bíblico
1. Leia Romanos 8.
2. Liste as funções do Pai, do Filho, do Espírito Santo e do homem nessa passagem. O que cada um deles fez e faz um pelo outro ou um por meio do outro?
3. Quem é o mais poderoso no trabalho que realiza? Quem não é?

Perguntas para reflexão pessoal
1. Volte à sua lista e responda: Você já tentou assumir o papel do Pai, do Filho ou do Espírito Santo em sua vida?
2. Como isso lhe pareceu? De que maneira isso funcionou?

Oração
Escreva sua própria oração de arrependimento e confiança no Pai.

Capítulo 5

O JUSTO E O JUSTIFICADOR

Nós vimos os ímpios justificados e consideramos a grande verdade de que somente Deus pode justificar qualquer homem — Ele é o justificador. Agora, damos um passo adiante e perguntamos: Como pode um Deus justo justificar homens culpados? Encontramos a resposta completa nas seguintes palavras de Paulo:

> Mas agora, sem lei, se manifestou a justiça de Deus testemunhada pela lei e pelos profetas; justiça de Deus mediante a fé em Jesus Cristo, para todos e sobre todos os que creem; porque não há distinção, pois todos pecaram e carecem da glória de Deus, sendo justificados gratuitamente, por sua graça, mediante a redenção que há em Cristo Jesus, a quem Deus propôs, no seu sangue,

como propiciação, mediante a fé, para manifestar a sua justiça, por ter Deus, na sua tolerância, deixado impunes os pecados anteriormente cometidos; tendo em vista a manifestação da sua justiça no tempo presente, para ele mesmo ser justo e o justificador daquele que tem fé em Jesus. —ROMANOS 3:21-26

Aqui, permita-me transmitir-lhe um pouco de experiência pessoal. Quando eu estava sob a mão do Espírito Santo, sob convicção do pecado, tive um senso claro e nítido da justiça de Deus. O pecado, fosse o que fosse para as outras pessoas, tornou-se para mim um fardo intolerável. Não se tratava tanto de eu temer o inferno, e sim de temer o pecado. Eu me reconhecia tão horrivelmente culpado que me lembro de sentir que, se Deus não me punisse por meu pecado, eu deveria fazê-lo. Sentia que o Juiz de toda a Terra deveria condenar um pecado semelhante ao meu. Sentei-me no banco dos réus e me condenei a perecer, porque confessei que, se eu fosse Deus, não poderia ter feito outra coisa senão enviar às maiores profundezas do inferno uma criatura tão culpada quanto eu. Todo o tempo, eu tinha em minha mente uma profunda preocupação pela honra do nome de Deus e a integridade de Seu governo moral. Sentia que a minha consciência não se satisfaria com o fato de eu poder ser perdoado injustamente. O pecado que eu havia cometido tinha de ser punido. Havia, porém, a questão de como Deus poderia ser justo e, ainda assim, justificar a mim, que havia sido tão culpado. Indaguei ao meu coração: "Como pode Ele ser justo e, mesmo assim, o justificador?". Eu estava preocupado e desgastado por essa pergunta; nem conseguia encontrar qualquer resposta para ela. Certamente, eu nunca poderia ter inventado uma resposta que satisfizesse a minha consciência.

Em minha opinião, a doutrina da expiação é uma das provas mais seguras da inspiração divina das Escrituras Sagradas. Quem imaginaria ou poderia ter imaginado que o Governante justo morreria pelo rebelde injusto? Isso não é um ensino da mitologia humana ou sonho de imaginação poética. Esse método de expiação só é conhecido entre os homens por ser um fato; a ficção não o poderia ter criado. O próprio Deus ordenou isso; não é algo que poderia ter sido imaginado. Eu havia ouvido sobre o plano de salvação, mediante o sacrifício de Jesus, desde a minha juventude, mas, no fundo de minha alma, não sabia acerca dele mais do que se tivesse nascido e sido criado hotentote[1]. A luz estava ali, mas eu estava cego; era necessário que o próprio Senhor me esclarecesse acerca do assunto. Aquilo veio a mim como uma nova revelação, tão fresca como se eu nunca houvesse lido nas Escrituras, que Jesus foi declarado a propiciação pelos pecados a fim de que Deus pudesse ser justo. Acredito que isso terá de vir como uma revelação a todo filho recém-nascido de Deus sempre que ele a contemplar; quero dizer, aquela gloriosa doutrina da substituição do Senhor Jesus. Vim a compreender que a salvação era possível por meio do sacrifício vicário, e essa provisão havia sido feita na primeira constituição e disposição das coisas para tal substituição. Fui levado a enxergar que, desde os tempos imemoriais, Aquele que é o Filho de Deus, coigual e coeterno com o Pai, havia sido feito o Cabeça da aliança de um povo escolhido para que Ele pudesse, naquela qualidade, sofrer por eles e salvá-los. Visto que, a princípio, a nossa queda não foi pessoal, porque caímos em nosso representante federativo — o primeiro Adão —, tornou-se possível

---

[1] Hotentote ou bosquímano é o nome de uma família de grupos étnicos existentes na região sudeste da África. Aparentemente esses povos têm uma longa história, mas atualmente existem apenas pequenas populações, principalmente no deserto do Kalahari, na Namíbia (dicionarioinformal.com.br).

sermos resgatados por um segundo representante, exatamente Aquele que se comprometeu a ser o Cabeça da aliança do Seu povo, de modo a ser o seu segundo Adão. Entendi que, antes de realmente pecar, eu havia caído pelo pecado do meu primeiro antepassado e regozijei-me porque, sendo assim, tornou-se possível, pela Lei, que eu me levantasse por um segundo Cabeça e representante. A queda de Adão deixou uma brecha para escape; outro Adão pode desfazer a ruína estabelecida pelo primeiro. Quando eu estava ansioso acerca da possibilidade do Deus justo me perdoar, compreendi e vi por fé que Aquele que é o Filho de Deus se fez homem e, em Sua própria bendita pessoa, levou meu pecado sobre Seu próprio corpo no madeiro. Vi que "o castigo que [me] traz a paz" foi posto sobre Ele, e que "pelas suas pisaduras" fui sarado (ISAÍAS 53:5). Caro amigo, você já viu isso? Já entendeu como Deus pode ser totalmente justo, não cancelando a pena nem embotando o fio da espada e, contudo, pode ser infinitamente misericordioso e justificar os ímpios que se voltam a Ele? Por conta de o Filho de Deus, supremamente glorioso em Sua pessoa incomparável, ter se comprometido a vindicar a Lei suportando a sentença que me era devida, Deus pôde ignorar o meu pecado. A Lei de Deus foi mais vindicada pela morte de Cristo do que teria sido se todos os transgressores tivessem sido enviados para o inferno. O Filho de Deus sofrer pelo pecado foi a providência mais gloriosa do governo de Deus do que toda a raça humana sofrer. Jesus sofreu a pena de morte em nosso lugar. Veja a maravilha! Lá Ele está pendurado na cruz! Esta é a melhor visão que você jamais terá. O Filho de Deus e Filho do Homem está ali pendurado, sofrendo dores indizíveis, o justo pelos injustos, para nos conduzir a Deus. Ó, a glória daquela visão! O inocente punido! O Santo condenado! O sempre bendito tornado maldição! O infinitamente glorioso levado a uma morte vergonhosa!

Quanto mais eu penso nos sofrimentos do Filho de Deus, mais tenho a certeza de que eles, certamente, defendem a minha causa. Por que Ele sofreu, senão para desviar de nós o castigo? Então, se Ele o desviou por Sua morte, está desviado — e quem crê nele não precisa temer o castigo. É obrigatório que, uma vez feita a expiação, Deus seja capaz de perdoar sem abalar a base de Seu trono ou manchar minimamente o livro dos estatutos. A consciência obtém uma resposta completa à tremenda pergunta. A ira de Deus contra a iniquidade, seja esta qual for, só pode ser inconcebivelmente terrível. Bem disse Moisés: "Quem conhece o poder da tua ira?" (SALMO 90:11). Contudo, quando ouvimos o Senhor da glória clamar "por que me desamparaste?" (MATEUS 27:46) e o vemos entregando o espírito, sentimos que a justiça de Deus recebeu vindicação abundante pela obediência tão perfeita e a morte tão terrível dadas em troca por tão divina pessoa. Se o próprio Deus se curva diante da Sua própria Lei, o que mais pode ser feito? O mérito da expiação supera o demérito de todo o pecado humano. O grande sorvedouro da amorosa abnegação de Jesus é capaz de engolir todas as montanhas de nossos pecados. Pelo infinito bem desse único homem representante, o Senhor pode muito bem ver com favor os outros homens, por mais indignos que sejam em si mesmos. Foi um milagre dos milagres o Senhor Jesus Cristo apresentar-se em nosso lugar para que nunca viéssemos a suportar a justa ira de Seu Pai. Porém, Ele o fez. "Está consumado" (JOÃO 19:30).

Deus poupará o pecador pelo fato de não ter poupado o Seu Filho. Deus pode ignorar as suas transgressões porque colocou essas transgressões sobre o Seu Filho unigênito há quase dois mil anos. Se você crê em Jesus (essa é a questão), os seus pecados foram removidos por Aquele que foi o bode expiatório do Seu povo. O que é crer nele? Não é meramente dizer "Ele é Deus e o Salvador", e sim confiar nele total e inteiramente, e tomá-lo para sua completa salvação, desde agora e para sempre — seu Senhor, seu Mestre, seu tudo. Se você quiser ter Jesus, Ele já tem você. Digo que, se você crê nele, não pode ir para o inferno, pois isso tornaria sem efeito o sacrifício de Cristo. É impossível um sacrifício ser aceito e, contudo, a alma morrer por quem esse sacrifício foi recebido. Se a alma que crê puder ser condenada, então para que o sacrifício? Se Jesus morreu em meu lugar, por que também eu deveria morrer? Todo cristão pode afirmar que o sacrifício foi realmente feito por ele: por fé, ele tomou posse do sacrifício e o tornou seu — portanto, pode ter a certeza de que nunca poderá perecer. O Senhor não receberia essa oferta em nosso nome e, depois, nos condenaria à morte. O Senhor não pode ler o nosso perdão escrito com o sangue de Seu próprio Filho e, depois, nos punir. Isso seria impossível. Ó, que seja concedida a você a graça de, ao mesmo tempo, direcionar o seu olhar para Jesus e começar do começo, que é o próprio Jesus, a Fonte de misericórdia para o homem culpado! "Ele justifica o ímpio." Portanto, "é Deus quem justifica" e somente por essa razão isso pode ser realizado — e Ele o faz por meio do sacrifício expiatório de Seu divino Filho. Portanto, isso pode ser feito com justiça — com tanta justiça que ninguém jamais o questionará —, tão completamente que, no formidável último dia, quando o céu e a Terra passarem, ninguém negará a validade da justificação.

> *Quem os condenará? É Cristo Jesus quem morreu [...].*
> *Quem intentará acusação contra os eleitos de Deus?*
> *É Deus quem os justifica.* —ROMANOS 8:34,33

Ora, pobre alma: você entrará nesse barco salva-vidas como você está? Aqui há segurança contra o naufrágio! Aceite a libertação garantida. Você diz: "nada tenho comigo". Você não precisa trazer coisa alguma consigo. Os homens que fogem para salvar a própria vida deixam até suas roupas para trás. Pule para o barco como você está. Eu lhe contarei algo a meu respeito para encorajá-lo. Minha única esperança de ir para o Céu reside na expiação completa efetivada na cruz do Calvário em favor dos ímpios. Nisso eu confio firmemente. Não tenho qualquer sombra de esperança em outro lugar. Você está na mesma condição que eu, pois nenhum de nós tem como base de confiança o valor próprio. Então, vamos dar as mãos, ficar juntos ao pé da cruz e confiar nossa alma, de uma vez por todas, Àquele que derramou Seu sangue pelos culpados. Nós seremos salvos pelo mesmo e único Salvador. Se você perecer confiando nele, eu também devo perecer. O que mais posso fazer para provar a minha própria confiança no evangelho que apresento a você?

Perguntas para estudo bíblico
1. Leia Romanos 3.
2. Neste capítulo, Spurgeon diz: "Vamos dar as mãos e ficar juntos aos pés da cruz". De que maneira Paulo, em Romanos 3, infere sobre o nível do chão ao pé da cruz em seu contexto histórico?
3. Como os ouvintes originais podem ter se debatido com essa realidade?

Perguntas para reflexão pessoal
1. A quem você se sente tentado a comparar-se? Por quê?
2. De que maneira isso é uma forma de idolatria?
3. Como isso o impede de ver a vasta extensão e o generoso manto do alcance do evangelho?

Oração

Pai, estou cercado pela oportunidade de adorar outros deuses. Meu coração é, como disse o teólogo Calvino, "uma fábrica de ídolos". No momento em que eu esmago alguém ou tu o despedaças, eu encontro outro. É um "jogo da toupeira" cósmico que me mantém constantemente alternando entre adorar ídolos e despedaçá-los. Ó Deus, despedaça todos eles totalmente. Ajuda-me a não olhar para o meu próprio pecado, o pecado dos outros, as obras de justiça que pratico e as que não consigo realizar, e a ver somente a ti. Fixa meu olhar na cruz e, mais ainda, na ressurreição, no único Deus que não pôde ser detido pela morte. Obrigado pelo sacrifício do Teu Filho e pela Sua vida. Amém.

Capítulo 6

SOBRE SER LIBERTO DO PECADO

Quero dizer aqui claramente uma ou duas palavras a quem entende o método da justificação pela fé em Cristo Jesus, mas cujo problema é não conseguir parar de pecar. Nunca conseguiremos ser felizes, tranquilos ou espiritualmente saudáveis enquanto não nos tornarmos santos. É necessário livrarmo-nos do pecado, mas como isso deve ser feito? Essa é a questão de vida ou morte de muitas pessoas. A velha natureza é muito forte, e elas tentaram contê-la e domesticá-la; porém, ela se recusa a ser subjugada e, embora ansiosas por melhorar, tais pessoas se veem ficando pior do que antes. O coração é tão empedernido, a vontade é tão obstinada, as paixões são tão intensas, os pensamentos, tão voláteis, a imaginação é tão ingovernável, os desejos, tão selvagens, que o homem sente ter em seu interior um covil de feras que o devorarão antes de serem governadas por ele. Podemos dizer de nossa natureza decaída o que o Senhor disse a Jó a respeito de Leviatã: "Brincarás com ele, como se fora um passarinho? Ou tê-lo-ás preso à correia para as tuas meninas?" (JÓ 41:5). Um homem poderia esperar segurar o vento norte na palma de sua mão tanto quanto esperar controlar, por sua própria força, aqueles poderes turbulentos que habitam sua natureza decaída. Essa é uma proeza maior do que qualquer um dos lendários feitos de Hércules: aqui é necessário Deus.

Alguém diz: "Eu poderia acreditar que Jesus perdoaria pecados, mas meu problema é que eu peco novamente e sinto essas terríveis tendências para o mal dentro de mim. Tão certo quanto uma pedra lançada ao ar logo volta ao solo, eu também, embora seja enviado ao Céu por uma pregação fervorosa, volto ao meu estado de insensatez. Ai de mim! Sou facilmente fascinado pelos olhos de basilisco[1] do pecado e, por isso, fico como que enfeitiçado, de modo que não consigo escapar da minha própria loucura".

Caro amigo, a salvação seria um caso tristemente incompleto se não lidasse com essa parte do nosso estado arruinado. Nós queremos ser purificados e também perdoados. Justificação sem santificação não seria salvação alguma. Ela declararia limpo o leproso e o deixaria morrer de sua doença; perdoaria a rebelião e permitiria que o rebelde continuasse sendo inimigo de seu rei. Isso eliminaria as consequências, mas negligenciaria a causa, o que deixaria diante de nós uma tarefa interminável e

---

[1] O basilisco é descrito de várias formas nas lendas clássicas, porém a mais aceita é a de como uma grande serpente com uma coroa. Segundo a lenda, ele seria capaz de matar com um simples olhar. Simbolizava a figura alegórica da morte, do medo, do diabo, do pecado ou do Anticristo. Provérbios 23:31,32 o menciona relacionando-o com o pecado: "Não olhes para o vinho, quando se mostra vermelho, quando resplandece no copo e se escoa suavemente. Pois ao cabo morderá como a cobra e picará como o basilisco".

sem esperança. Pararia o fluir do riacho durante algum tempo, mas deixaria uma fonte aberta de contaminação, que, mais cedo ou mais tarde, irromperia com maior poder. Lembre-se de que o Senhor Jesus veio para destronar o pecado de três maneiras: Ele veio remover a pena pelo pecado, o poder do pecado e, por fim, a presença do pecado. É possível irmos diretamente para a segunda forma — o poder do pecado pode ser imediatamente quebrado; assim, você estará no caminho para a terceira, a saber, a remoção da presença do pecado.

Sabeis também que ele se manifestou para tirar os pecados. —1 JOÃO 3:5

O anjo disse a respeito do nosso Senhor:

Ela dará à luz um filho e lhe porás o nome de Jesus, porque ele salvará o seu povo dos pecados deles. —MATEUS 1:21

Nosso Senhor Jesus veio para destruir em nós as obras do diabo. Aquilo que foi dito no nascimento do nosso Senhor foi declarado também na Sua morte, pois, quando o soldado perfurou Seu lado, imediatamente saíram sangue e água para anunciar a cura dupla pela qual somos libertos da culpa e da corrupção do pecado.

Se, porém, você estiver preocupado com o poder do pecado e as tendências da sua natureza, o que é bem possível, eis aqui uma promessa para você. Acredite nela, pois ela está naquele pacto da graça que é ordenado em todas as coisas e é seguro em tudo. Deus, que não pode mentir, disse: "Dar-vos-ei coração novo e porei dentro de vós espírito novo; tirarei de vós o coração de pedra e vos darei coração de carne" (EZEQUIEL 36:26).

Veja, é tudo "farei" e "farei". "Dar-vos-ei" e "tirarei". Esse é o estilo real do Rei dos reis, que é capaz de cumprir toda a Sua vontade. Nenhuma palavra Sua cairá por terra. O Senhor sabe muito bem que você é incapaz de transformar o seu próprio coração e de limpar a sua própria natureza, mas também sabe que Ele pode fazer as duas coisas. Ele pode fazer com que o etíope mude de pele e o leopardo, suas manchas. Ouça isso e fique atônito: *Ele pode criar você uma segunda vez; Ele pode fazer você nascer de novo.* Esse é um milagre da graça, mas o Espírito Santo o realizará. Seria maravilhoso se alguém pudesse estar ao pé da queda d'água das Cataratas do Niágara e pronunciar uma palavra que fizesse o rio Niágara correr em direção à sua nascente e subir aquele enorme precipício sobre o qual agora desce com estupenda força. Nada, exceto o poder de Deus, seria capaz de realizar essa maravilha; porém, isso seria um paralelo mais do que adequado ao que aconteceria se o curso da sua natureza fosse totalmente invertido. Tudo é possível para Deus. Ele pode reverter a direção dos seus desejos e a correnteza da sua vida; e pode fazer com que, em vez de afastar-se dele, todo o seu ser se incline em direção a Ele. Isso é, de fato, o que o Senhor prometeu fazer por todos os que estiverem aliançados nele — e, pelas Escrituras, nós sabemos que todos os cristãos estão nessa aliança.

Permita-me ler estas palavras novamente. "Dar-vos-ei coração novo e porei dentro de vós espírito novo; tirarei de vós o coração de pedra e vos darei coração de carne" (EZEQUIEL 36:26). Que promessa maravilhosa! Em Cristo Jesus, nós dizemos sim e amém para a glória de Deus. Tomemos posse dela, aceitemo-la como verdadeira e apropriemo-nos dela. Então, ela se cumprirá em nós e, após dias e anos, teremos de cantar acerca daquela maravilhosa transformação que a graça soberana de Deus realizou em nós. É bem digno de consideração que, quando o

Senhor tira o coração de pedra, isso acontece de verdade. E, uma vez feito isso, nenhum poder conhecido jamais poderá remover o novo coração que Deus concede e o espírito íntegro que Ele coloca dentro de nós. "Os dons e a vocação de Deus são irrevogáveis" (ROMANOS 11:29). Ou seja, Deus não se arrepende de concedê-los. Ele não tira o que concedeu. Permita que Ele o renove, e você será renovado. As reformas e limpezas feitas pelo homem logo se desvanecem, pois o cão retorna ao seu vômito; porém, quando Deus coloca em nós um novo coração, este permanece ali para sempre e nunca mais endurecerá como pedra. Aquele que o fez carne o manterá assim. Nós podemos nos regozijar e nos alegrar para sempre naquilo que Deus cria no reino da Sua graça. Dizendo de maneira muito simples: você já ouviu falar da ilustração do Sr. Rowland Hill sobre o gato e a porca? Eu a contarei à minha própria maneira, para ilustrar as expressivas palavras do nosso Salvador "importa-vos nascer de novo" (JOÃO 3:7).

Você vê aquele gato? Que criatura limpa ele é! Como se lava habilmente com a língua e as patas! É uma visão muito bonita! Você já viu uma porca fazer isso? Não, jamais! Isso é contrário à natureza dela. Ela prefere chafurdar-se na lama. Ensine uma porca a lavar-se e veja quão pouco sucesso obterá. Seria uma grande melhoria sanitária se os suínos fossem limpos. Ensine-os a lavar-se e limpar-se, assim como o gato faz! Tarefa inútil. Você pode lavar à força aquela porca, mas ela corre para a lama e, em pouco tempo, está novamente imunda. A única maneira de fazer uma porca lavar-se é transformá-la em um gato; então, ela se lavará e ficará limpa, mas não antes disso! Suponha que essa transformação seja realizada, então o que era difícil ou impossível é suficientemente fácil; doravante, a porca será adequada à sua sala de estar e ao tapete da sua lareira. Assim ocorre com um homem ímpio; você não consegue forçá-lo a fazer o que um homem renovado faz com a maior boa vontade. Você pode lhe ensinar e dar um bom exemplo, mas ele não consegue aprender a arte da santidade porque não pensa nela; sua natureza o conduz em outra direção. Quando o Senhor o torna um novo homem, tudo se reveste de um aspecto diferente. Essa transformação é tão grande que, certa vez, ouvi um convertido dizer: "Ou o mundo todo mudou, ou eu mudei". A nova natureza busca o que é certo tão naturalmente quanto a velha natureza flerta com o que é errado. Que bênção é receber tal natureza! Somente o Espírito Santo pode concedê-la. Você alguma vez percebeu como é maravilhoso o Senhor dar a um homem um novo coração e um espírito íntegro? Talvez você já tenha visto uma lagosta que lutou com outra e perdeu uma de suas garras, e uma nova garra cresceu. Isso é algo notável; porém um homem receber um novo coração é um fato muito mais surpreendente. Esse é, de verdade, um milagre que excede os poderes da natureza. Há uma árvore. Se você cortar um de seus galhos, outro pode crescer em seu lugar; no entanto, você pode transformar a árvore? Pode adoçar seiva azeda? Pode fazer o espinheiro produzir figos? Você pode enxertar algo melhor na árvore, e essa é a analogia da natureza à obra da graça, mas transformar totalmente a seiva vital da árvore seria, de fato, um milagre. Deus efetua tal prodígio e mistério de poder em todos os que creem em Jesus. Se você se render à Sua ação divina, o Senhor transformará a sua natureza; Ele subjugará a velha natureza e soprará em você nova vida.

Deposite sua confiança no Senhor Jesus Cristo, e Ele removerá da sua carne o coração de pedra e lhe dará um coração de carne. Onde tudo era empedernido, se tornará macio; onde tudo era perverso, será virtuoso; onde tudo tendia para queda, tudo se erguerá para o alto com força impetuosa. O leão da ira dará lugar ao cordeiro da mansidão; o corvo da imundícia voará diante da pomba da pureza; a vil serpente do engano será pisada pelo calcanhar da verdade. Tenho visto com meus próprios olhos transformações tão maravilhosas de caráter moral e espiritual, que não me desespero por coisa alguma. Se fosse adequado, eu poderia apontar mulheres que já foram impuras e agora são puras como a neve, e homens blasfemadores que agora deleitam todos os que estão ao seu redor com sua intensa devoção. Os ladrões são transformados em honestos, os bêbados em sóbrios, os mentirosos em confiáveis, e os zombadores em zelosos. Onde quer que a graça de Deus tenha se manifestado a um homem, ela o treinou para negar a impiedade e as concupiscências mundanas, e para viver sóbria, reta e piedosamente neste presente mundo mau — e, caro leitor, ela fará o mesmo por você.

"Eu não consigo realizar essa transformação", diz alguém.

Quem disse que você conseguiria? A passagem das Escrituras que citamos não fala do que o homem fará, e sim do que Deus fará. É promessa de Deus, logo, cabe a Ele cumprir Seus próprios compromissos. Confie nele para cumprir a Sua Palavra em você, e isso será feito.

"Mas, como isso será feito?"

Que interessa isso a você? O Senhor precisa explicar os Seus métodos antes que você creia nele? A ação do Senhor nesse assunto é um grande mistério: o Espírito Santo a realiza. Aquele que prometeu tem a responsabilidade de cumprir — e Ele está à altura de fazê-lo. Deus, que promete essa maravilhosa transformação, certamente a realizará em todos os que receberem Jesus; pois a eles Ele concede poder para se tornarem Filhos de Deus. Ó, que você creia nisso! Ó, que você faça ao misericordioso Senhor a justiça de crer que Ele pode realizar isso por você e o fará, por mais que seja um enorme milagre! Ó, que você creia que Deus é incapaz de mentir! Ó, que você confie que Ele lhe dará um novo coração e um espírito íntegro, visto que Ele pode concedê-los a você! Que o Senhor lhe conceda fé na Sua promessa, fé no Seu Filho, fé no Espírito Santo e fé nele, e a Ele será o louvor, a honra e a glória para todo o sempre! Amém.

Perguntas para estudo bíblico
1. Leia Ezequiel 11:14-25.
2. O que essa passagem afirma acerca de Deus? O que ela diz sobre o homem?
3. Quais são algumas maneiras pelas quais ela poderia ser aplicada aos cristãos do Novo Testamento?

Perguntas para reflexão pessoal
1. O que você acha mais natural: continuar pecando ou não pecar?
2. Quais desejos pecaminosos se modificaram em sua vida à medida que você se tornou mais semelhante a Cristo?
3. Quais desejos pecaminosos ainda permanecem?

Oração
Pai, eu sou como Paulo — meu espírito deseja, mas minha carne é fraca. Tenho que renunciar a tudo que sei acerca de ser e fazer o bem, reconhecendo que só tu me tornas justo ao dar-me um novo coração. Ainda assim, meu espírito estará desejoso, mas minha carne ainda estará fraca, e é por isso que tu nos prometes santificação por meio do Teu Espírito. Obrigado pela dádiva do Teu

Espírito, aquele que efetua a mudança em mim o tempo todo. Concede-me não apenas um coração novo, mas um coração brando e arrependido, receptivo aos Teus caminhos e que se deleita principalmente em ti. Obrigado por me amares e me dares um novo coração — essa é uma graça surpreendente. Obrigado pelo sacrifício do Teu Filho na cruz e por ressuscitá-lo da morte, dando-lhe novidade de vida também. Sei que confio totalmente em ti. Amém.

Capítulo 7

PELA GRAÇA, MEDIANTE A FÉ

*Porque pela graça sois salvos,
mediante a fé...*
—EFÉSIOS 2:8

Penso ser útil fazer um pequeno desvio para poder pedir ao meu leitor que observe com adoração a fonte da nossa salvação, que é a graça de Deus. "Pela graça sois salvos" (EFÉSIOS 2:8). Por Deus ser misericordioso, os homens pecadores são perdoados, convertidos, purificados e salvos. Eles não são salvos por ter, ou poder ter, qualquer coisa neles, mas sim por causa do infinito amor, bondade, piedade, compaixão, misericórdia e graça de Deus. Então, detenha-se um momento à beira do poço. Contemple o puro afluente de água da vida que procede do trono de Deus e do Cordeiro! Que abismo é a graça de Deus!

Quem pode medir sua amplitude? Quem pode sondar sua profundidade? Como todos os demais atributos divinos, ela é infinita. Deus é pleno de amor porque "Deus é amor" (1 JOÃO 4:8). Deus é repleto de bondade, pois é inerente a Sua pessoa ser bom e generoso. Bondade e amor ilimitados fazem parte da própria essência da divindade. Os homens não são destruídos porque "a sua misericórdia dura para sempre" (SALMO 136:1); os pecadores são conduzidos a Ele e perdoados porquanto "as suas misericórdias não têm fim" (LAMENTAÇÕES 3:22).

Lembre-se disso; caso contrário, você poderá cair em erro por fixar tanto a sua mente na fé, que é o canal da salvação, a ponto de esquecer a graça, que é a fonte e origem até da própria fé. A fé é a obra da graça de Deus em nós. Ninguém pode dizer que Jesus é o Cristo senão pelo Espírito Santo. Jesus afirmou: "Ninguém pode vir a mim se o Pai, que me enviou, não o trouxer" (JOÃO 6:44). De modo que a fé, que é ir a Cristo, é resultado da ação divina. A graça é a primeira e última causa motriz da salvação; e a fé, por mais essencial que seja, é apenas uma parte importante do mecanismo empregado pela graça. Somos salvos "mediante a fé", mas a salvação é "pela graça". Pronuncie essas palavras como que pela trombeta do arcanjo: "Pela graça sois salvos". Que boas-novas para os que não merecem!

A fé ocupa a posição de um canal ou tubulação. A graça é a fonte e o riacho; a fé é o aqueduto ao longo do qual a torrente de misericórdia desce para refrescar os sedentos filhos dos homens. É lamentável quando o aqueduto está danificado. É triste ver, em torno de Roma, os muitos nobres aquedutos que já não mais conduzem água para a cidade, pois os arcos estão quebrados e as maravilhosas estruturas estão em ruínas. O aqueduto precisa ser mantido íntegro para conduzir a torrente; ainda assim, a fé precisa ser verdadeira e saudável, conduzindo-nos diretamente a Deus e descendo até nós mesmos, para que se torne um canal utilizável de misericórdia para a nossa alma. Ainda assim, volto a lembrar-lhe de que a fé é somente o canal ou aqueduto e não a nascente, e não devemos nos fixar tanto nela a ponto de exaltá-la acima da divina fonte de todas as bênçãos, que é a graça de Deus. Nunca faça de sua fé um Cristo, nem pense nela como se fosse a fonte independente da sua salvação. A nossa vida está em "olhar para Jesus", não em olhar para a nossa própria fé. Pela fé, tudo se torna possível para nós; contudo, o poder não está na fé, e sim no Deus em quem a fé repousa. A graça é o motor poderoso, e a fé é a corrente pela qual a carruagem da alma está ligada à grande força motriz. A justiça da fé não é a excelência moral da fé, e sim a justiça de Jesus Cristo, à qual a fé se agarra e da qual se apropria. A paz na alma não provém da contemplação de nossa própria fé; ela vem a nós daquele que é a nossa paz, de cujas vestes a fé toca a orla e dele sai virtude para a alma.

Veja então, querido amigo, que a fraqueza de sua fé não o destruirá. A mão trêmula pode receber um presente de ouro. A salvação do Senhor pode vir a nós embora nossa fé seja apenas como um grão de mostarda. O poder está na graça de Deus, não em nossa fé. Mensagens maravilhosas podem ser enviadas ao longo de fios delgados; o testemunho pacificador do Espírito Santo pode alcançar o coração por meio de uma fé semelhante a um fio que parece ser quase incapaz de sustentar seu próprio peso. Pense mais *naquele* para quem você olha, do que no olhar em si. Você precisa desviar o olhar até mesmo do seu próprio olhar e nada ver além de Jesus e da graça de Deus revelada nele.

———◦———

Perguntas para estudo bíblico
1. Leia Efésios 2.
2. É possível errar mais acerca da fé ou da graça?

Perguntas para reflexão pessoal
1. Você confia mais em sua fé ou na graça de Deus? Ou *nas duas*? Na prática, como isso funciona em sua vida?
2. O que você mais precisa compreender? Como Deus poderia lhe dar mais fé ou revelar mais da Sua graça?
3. Você acredita que Deus quer conceder a você maior fé ou revelar mais de Sua graça a você?

Oração
Pai, ajuda-me a não ver a relação entre graça e fé como se eu andasse na corda bamba entre as duas. Nunca poderei ter demasiada fé ou demasiada graça; só poderei tê-las parcamente e, no momento em que percebo isso, peço para obter mais delas, e tu as concedes. Ajuda-me a nadar na piscina das duas, fonte inesgotável daquilo que me ofereces de fé e do que já me deste da graça. Ajuda-me a olhar para Cristo como o objeto da minha fé e não fazer dela a única coisa que me salva. Eu *necessito da Tua graça. Absolutamente, todos os dias, sem exceção, em todos os momentos, necessito da Tua graça. E todos os dias, sem exceção, em todos os momentos, necessito de mais fé. Ajuda-me a ser como o pai do endemoninhado, que disse a Jesus: "Eu creio! Ajuda-me na minha falta de fé!". Dá-me a graça de que necessito para a fé que não tenho. Obrigado por Tua promessa de que o farás. Amém.*

Capítulo 8

O QUE É FÉ?

O que é essa fé acerca da qual é dito "pela graça sois salvos, mediante a fé" (EFÉSIOS 2:8)? Há muitas descrições de fé, mas quase todas as definições que encontrei me fizeram entendê-la menos do que antes de lê-las. Ao ler o capítulo, o Negro disse que a confundiria e é muito provável que o tenha feito, embora pretendesse explicá-la. Podemos explicar a fé até que ninguém a entenda. Espero não ser culpado por essa falta. A fé é a mais simples de todas as coisas e, talvez, devido à sua simplicidade, a mais difícil de explicar. O que é a fé? Ela é composta por três elementos: conhecimento, convicção e confiança.

O conhecimento vem primeiro. "Como crerão naquele de quem nada ouviram?" (ROMANOS 10:14). Eu quero estar informado acerca de um fato antes de poder acreditar nele. "A fé vem pela pregação" (ROMANOS 10:17). Precisamos primeiramente ouvir para poder saber em que crer. "Em ti, pois, confiam os que conhecem o teu nome" (SALMO 9:10). Uma medida de conhecimento é essencial para a fé; daí a importância de obtermos conhecimento. "Inclinai os ouvidos e vinde a mim; ouvi, e a vossa alma viverá" (ISAÍAS 55:3). Essa foi a palavra do profeta da antiguidade e ainda é a palavra do evangelho. Estude as Escrituras e aprenda o que o Espírito Santo ensina a respeito de Cristo e da Sua salvação. Procure conhecer a Deus, "é necessário que aquele que se aproxima de Deus creia que ele existe e que se torna galardoador dos que o buscam" (HEBREUS 11:6). Que o Espírito Santo lhe dê o espírito de conhecimento e de temor do Senhor! Conheça o evangelho: saiba qual é a boa-nova, como ela fala de perdão gratuito, transformação do coração, adoção na família de Deus e inúmeras outras bênçãos. Conheça especialmente a Cristo Jesus, o Filho de Deus, o Salvador dos homens, unido a nós por Sua natureza humana, contudo um com Deus e, assim, capaz de agir como Mediador entre Deus e o homem, capaz de colocar a Sua mão sobre os dois e ser o elo entre o pecador e o Juiz de toda a Terra. Esforce-se por conhecer cada vez mais sobre Cristo Jesus. Esforce-se especialmente por conhecer a doutrina do sacrifício de Cristo, porque o principal ponto de fixação da fé salvadora é "Deus estava em Cristo reconciliando consigo o mundo, não imputando aos homens as suas transgressões" (2 CORÍNTIOS 5:19). Saiba que Jesus se fez "maldição em nosso lugar (porque está escrito: Maldito todo aquele que for pendurado em madeiro)" (GÁLATAS 3:13). Beba profundamente da doutrina da obra substitutiva de Cristo, porque nela reside o mais doce conforto possível para os filhos culpados dos homens, visto que o Senhor "o fez pecado por nós; para que, nele, fôssemos feitos justiça de Deus" (2 CORÍNTIOS 5:21). A fé começa com o conhecimento. A mente prossegue crendo que essas coisas são verdadeiras. A alma crê que Deus existe e que Ele ouve o clamor de corações sinceros; que o evangelho provém de Deus; que a justificação pela fé é a grandiosa verdade revelada por Deus nestes últimos dias por Seu Espírito, mais claramente do que antes. Então, o coração crê que Jesus é, verdadeiramente, o nosso Deus e Salvador, o Redentor dos homens, o Profeta, Sacerdote e Rei de Seu povo. Tudo isso é aceito como verdade absoluta, que não cabe ser questionada. Oro para que você chegue imediatamente a esse ponto. Passe a crer firmemente que "o sangue de Jesus, seu Filho, nos purifica de todo pecado" (1 JOÃO 1:7); que o Seu sacrifício é completo e totalmente aceito por Deus em favor do homem, para que quem crê em Jesus não seja condenado.

Creia nessas verdades tanto quanto acredita em qualquer outra declaração, porque a diferença entre a fé comum e a fé salvadora reside principalmente nos assuntos acerca dos quais ela é exercida. Creia no testemunho de Deus assim como você acredita no testemunho de seu próprio pai ou amigo. "Se admitimos o testemunho dos homens, o testemunho de Deus é maior" (1 JOÃO 5:9).

Até agora, você avançou em direção à fé; só mais um ingrediente é necessário para completá-la: a confiança. Comprometa-se com o Deus misericordioso, deposite sua esperança no evangelho gracioso, confie sua alma ao Salvador que morreu e está vivo, lave seus pecados no sangue expiatório, aceite a Sua perfeita justiça, e tudo ficará bem. A confiança é a força vital da fé; não há fé salvadora sem ela. Os Puritanos costumavam explicar a fé pela palavra "descanso", significando apoiar-se em algo. Apoie-se com todo o seu peso sobre Cristo. Uma ilustração ainda melhor seria eu dizer: caia por inteiro e deite-se na Rocha Eterna. Lance-se sobre Jesus; descanse nele; comprometa-se com Ele. Tendo feito isso, você exerceu a fé salvadora.

A fé não é cega, uma vez que começa com o conhecimento. Ela não é especulativa, visto que crê em fatos dos quais tem certeza. Não é algo irrealizável, onírico, pois confia e apoia seu destino na verdade da revelação. Essa é uma maneira de descrever o que é fé. Deixe-me tentar de novo. Fé é crer que Cristo é o que Ele diz ser e fará o que prometeu fazer; e, em seguida, esperar isso dele.

As Escrituras falam de Jesus Cristo como sendo Deus, Deus em carne humana; como tendo caráter perfeito; como sendo uma oferta pelo pecado em nosso lugar; como levando os nossos pecados sobre o Seu próprio corpo no madeiro. A Escritura fala dele como tendo cancelado a transgressão, posto fim ao pecado e trazido a justiça eterna. Os registros sagrados ainda nos dizem que Ele ressuscitou dentre os mortos, "vivendo sempre para interceder por eles" (HEBREUS 7:25), subiu para a glória, tomou posse do Céu em benefício de Seu povo e que em breve voltará e "julgará o mundo com justiça e os povos, com equidade" (SALMO 98:9). Nós devemos crer, com toda a firmeza, que assim é — porque esse foi o testemunho de Deus Pai quando disse: "Este é o meu Filho, o meu eleito; a ele ouvi" (LUCAS 9:35). Isso é testificado também pelo Deus Espírito Santo, pois Ele deu testemunho de Cristo — tanto na Palavra inspirada e em diversos milagres, quanto por Seu agir no coração dos homens. Logo, devemos crer que esse testemunho é verdadeiro.

A fé também crê que Cristo fará o que prometeu; que, dado Ele ter prometido não lançar fora quem quer que vá a Ele, é certo que não nos lançará fora se formos a Ele. A fé crê que, por Jesus ter dito: "a água que eu lhe der será nele uma fonte a jorrar para a vida eterna" (JOÃO 4:14), isso precisa ser verdade, e, se recebermos essa água viva de Cristo, ela habitará em nós e jorrará de nós como uma fonte de vida santa.

Tudo que Cristo prometeu fazer, Ele fará. Nós precisamos crer nisso para buscar em Suas mãos perdão, justificação, preservação e glória eterna, segundo o que Ele prometeu aos que nele cressem. Em seguida, vem a próxima etapa necessária.

Jesus é o que é dito que Ele é; Jesus fará o que Ele diz que fará. Portanto, cada um de nós precisa confiar nele, dizendo: "Ele será para mim o que diz que é e fará por mim o que prometeu fazer. Eu me entrego nas mãos daquele que foi designado para salvar, para que Ele possa me salvar. Descanso em Sua promessa de que Ele fará conforme disse". Essa é a fé salvadora; quem a possui tem vida eterna. Leitor, quaisquer que sejam seus perigos e dificuldades, suas trevas e sua depressão, suas enfermidades e pecados, quem crê em Cristo Jesus não é condenado e nunca será.

Que essa explicação possa ser de alguma utilidade! Confio que ela pode ser usada pelo Espírito de Deus para levá-lo à paz imediata. "Não temas, crê somente" (MARCOS 5:36). Confie e descanse. Meu receio é de que o leitor não se contente com compreender o que deve ser feito e, assim, nunca o faça. Melhor é a mais escassa fé verdadeira realmente em ação do que o melhor ideal dela deixado no terreno da especulação. A grande questão é crer no Senhor Jesus imediatamente. Não se importe com distinções e definições. Um homem faminto come, mesmo não entendendo a composição de seu alimento, a anatomia de sua boca ou o processo da digestão: ele vive porque come. Outra pessoa muito mais inteligente compreende perfeitamente a ciência da nutrição; mas, se ela não comer, morrerá com todo o seu conhecimento. Sem dúvida, neste momento, há muitas pessoas no inferno que compreenderam a doutrina da fé, mas não creram. Por outro lado, ninguém que tenha confiado no Senhor Jesus foi lançado fora, embora talvez nunca tenha sido capaz de definir inteligentemente a sua fé. Ó, caro leitor, receba o Senhor Jesus em sua alma e você viverá para sempre!

...quem crê no Filho tem a vida eterna...
—JOÃO 3:36

Perguntas para estudo bíblico
1. Leia Hebreus 11. Eleja um homem, ou uma mulher, mencionado nesse capítulo. Procure a história dele e leia-a dentro do contexto bíblico.
2. O que foi prometido a eles por Deus? O que viram e o que eles não viram?
3. O que isso revela acerca de Deus?

Perguntas para reflexão pessoal
1. É fácil acreditar que Deus nos prometeu certas coisas, coisas que outros têm ou que nós desejamos, mas o que, de fato, Deus prometeu está nas Escrituras. Quais são algumas coisas que você tem pensado que Deus lhe prometeu, mas que não estão elencadas nas Escrituras?
2. Por que você acredita que Deus lhe prometeu isso que você deseja?
3. Você crê que Deus nos concede apenas o que é melhor? Por quê?

Oração
Pai, eu me arrependo por transformar os meus desejos em supostas promessas Tuas simplesmente por querer certas coisas. Tu nunca me prometeste tudo que eu desejo — apenas aquilo de que necessito. Há momentos, porém, em que penso que tu retiveste até mesmo aquilo de que necessito, pois não vejo minhas circunstâncias e minha vida tão clara e soberanamente quanto tu as vês. Perdoa-me por idolatrar os meus desejos mais do que adorar-te. Concede-me a fé a qual veja que tu és o que

O QUE É FÉ?

dizes ser e que estás fazendo o que disseste que farias. Aumenta minha expectativa somente em ti. É tão fácil perder de vista o que estás fazendo e criar as minhas próprias suposições, pensando que posso planejar a minha vida melhor do que tu! Dá-me a fé que afirma, mesmo que eu nunca veja o que desejo, que verei a ti. Em nome do Teu Filho. Amém.

Capítulo 9

COMO A FÉ PODE SER ILUSTRADA?

Para esclarecer ainda mais a questão da fé, darei a você algumas ilustrações. Embora somente o Espírito Santo possa fazer meu leitor enxergar, é meu dever e minha alegria fornecer toda a luz que eu puder e orar ao divino Senhor que abra os olhos cegos. Ó, que meu leitor faça a mesma oração por si mesmo!

A fé que salva encontra analogias na estrutura humana. É o olho pelo qual se enxerga. Pelo olho, trazemos à mente o que está longe; podemos trazer o Sol e as estrelas distantes à mente com um simples piscar de olhos. Assim, confiando, trazemos o Senhor Jesus para perto de nós e, embora esteja longe, no Céu, Ele adentra ao nosso coração. Apenas olhe para Jesus, pois o hino é estritamente verdadeiro — "Terás vida em olhar pra Jesus, Salvador; / Ele diz: Vida eterna eu te dou".[1]

---

[1] Amelia M. Hull e Custer V. Cox (1860), *Vida por um olhar* (CC 195).

A fé é a mão que segura com força. Ao segurar qualquer coisa para si, a nossa mão faz precisamente o que a fé realiza quando se apropria de Cristo e das bênçãos de Sua redenção. A fé diz: "Jesus é meu". A fé ouve falar do sangue perdoador e brada: "Eu aceito que esse sangue me perdoe". A fé chama de seu o legado do Jesus agonizante; e ele torna-se seu, visto que a fé é herdeira de Cristo; Ele deu à fé a si mesmo e tudo que Ele tem. Tome, ó amigo, aquilo que a graça lhe providenciou. Você não será um ladrão, pois tem a permissão divina: "quem quiser receba de graça a água da vida" (APOCALIPSE 22:17). Quem pode ter um tesouro simplesmente apanhando-o será realmente tolo se permanecer pobre.

A fé é a boca que se alimenta de Cristo. Antes de poder nutrir-nos, o alimento precisa ser recebido em nosso interior. Esse é um assunto simples — comer e beber. De boa vontade, recebemos na boca o nosso alimento e, em seguida, consentimos que ele desça ao nosso interior, onde é digerido e absorvido pela nossa estrutura física. Paulo diz, em sua carta aos Romanos: "A palavra está perto de ti, na tua boca" (10:8). Pois bem, tudo o que precisa ser feito é engoli-la, a fim de direcioná-la à alma. Ó, aquele homem tinha apetite! Pois quem tem fome e vê carne diante de si não precisa ser ensinado a comer. Alguém disse: "Dê-me faca e garfo e uma oportunidade". Ele estava totalmente preparado para fazer o resto. De fato, um coração que tem fome e sede de Cristo só precisa saber que Ele é concedido gratuitamente — e de pronto o receberá. Se o meu leitor está em tal situação, não hesite em receber Jesus, pois pode estar certo de que nunca será culpado por fazê-lo — porque "a todos quantos o receberam, deu-lhes o poder de serem feitos filhos de Deus" (JOÃO 1:12). Ele jamais repele uma pessoa; pelo contrário, a todos os que vierem, autoriza a permanecer filhos eternamente.

COMO A FÉ PODE SER ILUSTRADA?

As buscas da vida ilustram a fé de muitas maneiras. O fazendeiro planta uma boa semente no solo e espera que ela não apenas germine, mas se multiplique. Ele tem fé na disposição da aliança, de que "Enquanto durar a terra, não deixará de haver sementeira e ceifa" (GÊNESIS 8:22) — e é recompensado por sua fé. O comerciante deposita o seu dinheiro aos cuidados de um banqueiro e confia totalmente na honestidade e solidez do banco. Ele confia seu capital às mãos de outra pessoa e se sente muito mais tranquilo do que se tivesse o ouro sólido trancado em um cofre de ferro. O marinheiro confia a si mesmo ao mar. Quando ele nada, tira o pé do fundo e descansa flutuando sobre o oceano. Ele não poderia nadar se não se lançasse totalmente na água. O ourives coloca metal precioso no fogo que parece ansioso por consumi-lo, mas o recebe de volta da fornalha purificado pelo calor. Na vida, não podemos nos voltar a lugar algum sem ver a fé agindo entre o homem e o homem, ou entre o homem e a lei natural. Ora, assim como nós confiamos na vida diária, devemos também confiar em Deus, revelado em Cristo Jesus.

A fé existe em vários graus nas diferentes pessoas, segundo a quantidade de seu conhecimento ou crescimento em graça. Às vezes, a fé é pouco mais do que um simples apego a Cristo: um senso de dependência e uma disposição para essa dependência.

Quando você estiver à beira-mar, verá moluscos grudados na rocha. Você caminha com passos suaves até a rocha, dá um golpe rápido no molusco com o seu bastão e ele se desprende. Experimente fazer a mesma coisa com o próximo molusco. Você o avisou; ele ouviu o golpe com o qual atingiu o vizinho dele e, agora, ele se agarra com todas as forças na rocha. Você nunca conseguirá soltá-lo; não você! Golpeie-o seguidamente, mas será mais fácil quebrar a rocha. Nosso amiguinho, o molusco, não sabe muita coisa, mas se agarra. Ele não conhece a formação geológica da rocha, mas se agarra. Ele pode agarrar-se e encontrou algo a que se agarrar: esse é todo o seu estoque de conhecimento e ele o usa para sua segurança e salvação. A vida do molusco é agarrar-se à rocha, e a vida do pecador é agarrar-se a Jesus. Milhares de pessoas do povo de Deus não têm mais fé do que isso; elas sabem o suficiente para se agarrarem a Jesus de todo coração e alma, e isso é suficiente para a paz atual e a segurança eterna. Para elas, Jesus Cristo é o forte e poderoso Salvador, a Rocha inamovível e imutável; elas se agarram a Jesus por amor à vida, e esse agarrar-se as salva. Leitor, não pode você agarrar-se a Ele? Faça isso de uma vez.

Vemos a fé quando um homem confia em outro, com base em um conhecimento da superioridade do outro. Essa é uma fé mais elevada — a fé que conhece a razão de sua dependência e age sob ela. Não creio que o molusco saiba muito a respeito da pedra; a fé, porém, à medida que cresce torna-se cada vez mais inteligente. O cego confia em seu guia porque sabe que seu amigo enxerga e, confiando, caminha por onde seu guia o conduz. Se o pobre homem nasce cego, não sabe o que é visão, mas sabe que existe a visão e que seu amigo vê; por isso, coloca espontaneamente sua mão na mão daquele que enxerga e segue a sua liderança. "Andamos por fé e não pelo que vemos" (2 CORÍNTIOS 5:7). Contudo, "Bem-aventurados os que não viram e creram" (JOÃO 20:29). Essa é a melhor ilustração da fé; nós sabemos que Jesus tem mérito, poder e bênção, coisas que não temos; por isso, entregamo-nos alegremente ao Senhor, para que Ele seja para nós o que não podemos ser para nós mesmos. Nós confiamos nele como o cego confia em seu guia. Ele nunca trai a nossa confiança; pelo contrário, "se nos tornou, da parte de Deus, sabedoria, e justiça, e santificação, e redenção" (1 CORÍNTIOS 1:30).

COMO A FÉ PODE SER ILUSTRADA?

Todo menino que vai à escola tem de exercer fé enquanto aprende. Seu mestre lhe ensina geografia e o instrui quanto à forma da Terra, e à existência de certas grandes cidades e impérios. O menino não sabe se essas coisas são verdadeiras, mas acredita em seu professor e nos livros colocados em suas mãos. Isso é o que você terá de fazer com relação a Cristo se quiser ser salvo; precisará simplesmente saber porque Ele lhe diz, crer porque Ele lhe garante que é assim, e confiar nele visto que Ele lhe promete que o resultado disso será a salvação. Quase tudo que você e eu sabemos veio a nós pela fé. Uma descoberta científica foi feita, e nós temos certeza dela. Com base em que acreditamos nela? Na autoridade de certos homens cujo conhecimento é renomado, cujas reputações estão estabelecidas. Nunca fizemos ou vimos seus experimentos, mas acreditamos em seu testemunho. Você precisa fazer o mesmo no tocante a Jesus, pois Ele lhe ensina certas verdades; logo, você deve ser Seu discípulo e crer nas Suas palavras. Por Ele ter realizado certas ações, você deve ser Seu servo e confiar nele. Ele é infinitamente superior a você e se apresenta à sua confiança como seu Mestre e Senhor. Se você se dispuser a receber Jesus e as Suas palavras, será salvo.

Outra forma de fé, mais elevada, é aquela que nasce do amor. Por que um menino confia em seu pai? A razão pela qual o filho confia em seu pai é o amor que tem por ele. Benditos e felizes os que têm uma doce fé em Jesus, entrelaçada com um profundo afeto por Ele, visto que essa é uma confiança serena. Aqueles que amam a Jesus ficam enlevados com o Seu caráter e, deleitados com a Sua missão, são arrebatados pela benignidade manifestada por Ele. Portanto, só podem confiar nele porque muito o admiram, reverenciam e amam. A maneira da confiança amorosa no Salvador pode ser assim ilustrada: Uma senhora é a esposa do médico mais eminente da época. Ela é acometida por uma doença grave e encontra-se abatida pela força dessa enfermidade; contudo, está maravilhosamente calma e tranquila, porque seu marido é um especialista nessa doença e curou milhares de pessoas que dela sofriam. Essa senhora não está minimamente perturbada, porque se sente perfeitamente segura nas mãos de alguém que lhe é tão amado e em quem habilidade e amor estão combinados em suas formas mais sublimes. Sua fé é racional e natural; sob todos os pontos de vista, seu marido merece isso dela. Esse é o tipo de fé que o mais feliz dos cristãos exerce em relação a Cristo. Não há médico como Ele, ninguém pode salvar como Ele; nós o amamos e Ele nos ama — por isso, colocamo-nos em Suas mãos, aceitamos tudo que Ele prescreve e fazemos tudo que Ele ordena. Sentimos que nenhuma ordem poderá ser incorreta enquanto Ele for o gestor dos nossos assuntos, pois Ele nos ama demais para nos deixar perecer ou sofrer uma única aflição desnecessária.

A fé é a raiz da obediência; isso pode ser visto claramente nos assuntos da vida. Quando um capitão confia em um piloto para conduzir sua embarcação ao porto, este maneja a embarcação segundo a direção do capitão. Quando um viajante confia em um guia para conduzi-lo em uma passagem difícil, segue a trilha indicada por ele. Quando um paciente acredita em um médico, segue cuidadosamente suas prescrições e instruções. A fé que se recusa a obedecer às ordens do Salvador é mero fingimento e nunca salvará a alma. Nós confiamos que Jesus nos salvará; Ele nos fornece orientações quanto ao caminho da salvação; nós seguimos essas instruções e somos salvos. Que o meu leitor não se esqueça disso. Confie em Jesus e demonstre a sua confiança fazendo tudo o que Ele ordenar.

Uma forma notável de fé surge do conhecimento efetivo. Este provém do crescimento em graça, e é a fé que crê em Cristo por conhecê-lo e confia nele porque provou que Ele é infalivelmente fiel. Uma cristã idosa tinha o hábito de escrever T e C na margem de sua Bíblia sempre que testava e comprovava uma promessa. Como é fácil confiar no Salvador testado e comprovado! Você ainda não consegue fazer isso, mas o fará. Tudo precisa ter um início. Você chegará a ter uma forte fé no devido tempo. Essa fé amadurecida não pede sinais: acredita bravamente. Veja a fé do mestre marinheiro — frequentemente me maravilhei com ela. Ele solta o cabo e se afasta da terra firme. Durante dias, semanas ou até meses, ele nunca vê a costa; contudo, segue dia e noite sem medo, até que, certa manhã, encontra-se exatamente em frente ao porto desejado, ao qual se dirigia. Como ele encontrou seu caminho nas profundezas desprovidas de trilhas? Ele confiou em sua bússola, seu almanaque náutico, sua luneta e nos corpos celestes; e, obedecendo à orientação deles, sem avistar terra, manobrou com tanta precisão que não precisou mudar de rumo para entrar no porto. É algo maravilhoso navegar sem visão. Espiritualmente, é abençoador deixar totalmente a costa do ver e do sentir e dizer "adeus" a sentimentos íntimos, providências animadoras, sinais e assim por diante. É glorioso estar distante no oceano do amor divino, crendo em Deus e dirigindo-se ao Céu pela direção da Palavra de Deus. João nos lembra: "Bem-aventurados os que não viram e creram" (20:29). A eles será conferida plena entrada na chegada e uma viagem segura durante o percurso. O meu leitor não deseja depositar a sua confiança em Deus e em Cristo Jesus? Ali eu descanso com alegre confiança. Irmão, venha comigo e creia no nosso Pai e no nosso Salvador. Venha de uma vez.

Perguntas para estudo bíblico
1. Leia 2 Coríntios 5:1-10.

2. Qual é o papel de Deus indicado nessa passagem? Qual é o papel do homem?
3. Com suas próprias palavras, defina fé, visão, caminhada e garantia.

Perguntas para reflexão pessoal
1. Você exige um plano antes de obedecer? Por quê?
2. Pense em uma área de sua vida na qual Deus está lhe pedindo que lhe obedeça, e você não consegue ver nenhum caminho para sair dessa situação. O que você teme?
3. Ainda que você perca o que receia perder, quem é Deus?

Oração

Pai, confesso que, muitas vezes, tenho tanto medo de todas as consequências que sequer considero a possibilidade de dizer "sim" para ti. Ou, às vezes, é o oposto: sou tão imprudente que nunca considero o Teu caminho em vez do meu caminho. De qualquer forma — quer eu me contenha ou me apresse —, isso revela que não confio em ti como deveria: como uma criança confia em seu pai. Ó Deus, perdoa-me por ter uma fé tão pequena. Concede-me mais! Sei que tu és bom, fiel e amável. Que o Teu conhecimento possa agir mais profundamente em meu coração, para que a minha resposta a ti seja sempre "Sim. Sim. Sim". Em nome do Teu Filho eu oro. Amém.

Capítulo 10

POR QUE SOMOS SALVOS PELA FÉ?

Por que a fé é escolhida como o canal de salvação? Sem dúvida, essa pergunta é feita com frequência. "Pela graça sois salvos, mediante a fé" (EFÉSIOS 2:8) é, seguramente, a doutrina da Bíblia Sagrada e a ordenança de Deus; mas, por que é assim? Por que a fé é escolhida em vez de esperança, amor ou paciência? Devemos ser despretensiosos em responder tal pergunta, pois nem sempre os caminhos de Deus devem ser compreendidos; nem temos permissão para questioná-los presunçosamente. Humildemente responderíamos que, até onde sabemos, a fé foi escolhida como o canal da graça porque há na fé uma adaptação natural para ser usada como receptora.

Suponha que eu esteja prestes a dar uma esmola a um pobre: coloquei-a na mão dele — por quê? Bem, dificilmente seria adequado colocá-la em sua orelha ou em seu pé; a mão parece intencionalmente feita para receber. Assim, em nossa estrutura mental, a fé é criada com o propósito de ser receptora: ela é a mão do homem e há uma adequação em receber graça por meio dela. Permita-me explicar isso muito claramente. A fé que recebe Cristo é um gesto tão simples como quando o filho recebe uma maçã do pai porque o pai estende a mão com a fruta e promete concedê-la se o filho vier buscá--la. A crença e o recebimento se referem apenas a uma maçã, mas constituem precisamente o mesmo ato da fé lidando com a salvação eterna. A mão da criança está para a maçã como a sua fé está para a perfeita salvação de Cristo. A mão da criança não faz a maçã, nem melhora a maçã, nem merece a maçã; ela apenas a pega. A fé é escolhida por Deus para ser a receptora da salvação visto que não finge criar a salvação, nem a ajudar, mas se contenta humildemente em recebê-la. "A fé é a língua que implora perdão, a mão que a recebe e o olho que a vê, mas não é o preço que a compra." A fé nunca faz de si mesma o seu próprio apelo; ela baseia todo o seu argumento no sangue de Cristo. Ela se torna uma boa serva para levar à alma as riquezas do Senhor Jesus porque reconhece de onde as tirou e possui aquela graça que só lhe foi confiada com elas. A fé, repito, é indubitavelmente selecionada porque dá toda a glória a Deus. É pela fé para que possa ser pela graça, e é pela graça para que não haja jactância, pois Deus não suporta a soberba. "Os soberbos, ele os conhece de longe" (SALMO 138:6) e não tem qualquer desejo de aproximar-se deles. Ele não dará a salvação de uma maneira que sugira ou fomente a soberba. Paulo escreve: "não de obras, para que ninguém se glorie" (EFÉSIOS 2:9). Ora, a fé exclui toda vanglória. A mão que recebe caridade não diz: "Devem me agradecer por eu haver aceitado a dádiva". Isso seria absurdo. Quando a mão leva o pão à boca, não diz ao corpo: "Agradeça-me, porque eu o alimento".

A mão faz algo muito simples, embora muito necessário, e nunca se apropria de glória para si mesma pelo que faz. Assim, Deus escolheu a fé para receber o indescritível dom de Sua graça, porque a fé não pode atribuir a si mesma crédito algum — precisa adorar ao Deus misericordioso que é o doador de todo tipo de bem. A fé coloca a coroa na cabeça certa e, por isso, o Senhor Jesus costumava colocar a coroa na cabeça da fé, dizendo: "A tua fé te salvou; vai-te em paz" (LUCAS 7:50).

A seguir, Deus escolhe a fé como o canal de salvação por ser um método seguro, ligando o homem a Deus. Quando o homem confia em Deus, há um ponto de união entre eles, e essa união garante a bênção. A fé nos salva, pois nos faz apegar-nos a Deus e, assim, nos coloca em conexão com Ele.

Tenho usado frequentemente a próxima ilustração, mas preciso repeti-la porque não consigo pensar em outra melhor. Disseram-me que, anos atrás, um barco virou na parte de cima das cataratas do Niágara e dois homens estavam sendo arrastados pela correnteza, quando pessoas na margem do rio conseguiram levar até eles uma corda, que foi agarrada pelos dois. Um deles se agarrou a ela e foi puxado para a margem em segurança; o outro, porém, vendo um grande tronco passar flutuando, imprudentemente largou a corda e agarrou-se ao tronco, porque era o maior dos dois e, aparentemente, melhor para se agarrar. Ai de mim! O tronco com o homem sobre ele foi diretamente para o grande abismo, por não haver uma união entre o tronco e a margem do rio. O tamanho do tronco não foi um benefício para quem o agarrou; era necessária uma conexão com a margem para gerar segurança. Assim, quando um homem confia em suas obras, em sacramentos ou em qualquer coisa semelhante, não será salvo, pois não há junção entre ele e Cristo. Porém, a fé, embora possa parecer uma corda fina, está nas mãos do grande Deus na margem do rio; um poder infinito puxa esse cabo de união e, assim, livra o homem da destruição. Ó, a bem-aventurança da fé, pois ela nos une a Deus!

Mais uma vez, a fé é escolhida porque tange as fontes da ação. Mesmo nas coisas comuns, certo tipo de fé está na raiz de tudo. Pergunto-me se estarei errado caso eu diga que nunca fazemos coisa alguma sem a intermediação de algum tipo de fé. Se eu caminho pelo meu escritório, é porque acredito que as minhas pernas vão me conduzir. Um homem come porque acredita na necessidade de alimento; faz negócios porque acredita no valor do dinheiro; aceita um cheque porque acredita que o banco o honrará. Colombo descobriu a América porque acreditava que havia outro continente do outro lado do oceano, e os primeiros peregrinos a colonizaram porque acreditaram que Deus estaria com eles naquelas costas rochosas. A maioria dos feitos grandiosos tem conexão com o gerador de energia e, agora, Ele pode enviar a corrente sagrada para todas as partes da nossa natureza. Quando cremos em Cristo, e o coração se torna posse de Deus, somos salvos do pecado e movidos em direção a: arrependimento, santidade, zelo, oração, consagração e todas as demais coisas graciosas. "O que o óleo é para as rodas, o que os pesos são para um relógio, o que as asas são para um pássaro, o que as velas são para um navio, a fé é para todos os deveres e serviços sagrados." Tenha fé e todas as outras graças seguirão e continuarão em seu curso. Repito, a fé tem o poder de agir por amor; ela influencia as afeições para com Deus e atrai o coração para as melhores coisas. Sem dúvida, quem crê em Deus amará a Deus. A fé é um ato de compreensão, mas também procede do coração. "Com o coração se crê para justiça" (ROMANOS 10:10). Consequentemente, Deus dá salvação para a fé porque ela reside ao lado das afeições e é um parente próximo do amor; e o amor é o pai e nutridor de todos os sentimentos e atos sagrados. Amor a Deus é obediência; amor a Deus é santidade. Amar a

Deus e amar o homem é conformar-se à imagem de Cristo, e isso é salvação.

Além disso, a fé cria paz e alegria; aquele que a possui descansa e está tranquilo, é satisfeito e alegre; e isso é uma preparação para o Céu. Deus dá à fé todas as dádivas celestiais porque — dentre outras razões — ela efetua em nós a vida e o espírito que devem ser eternamente manifestados no mundo superior e melhor. A fé nos fornece armadura para esta vida e educação para a vida vindoura. Ela capacita o homem a viver e morrer sem medo; prepara tanto para a ação quanto para o sofrimento. Por isso, o Senhor a escolhe como o meio mais conveniente para nos transmitir graça e, com isso, garantir-nos para a glória. Certamente, a fé faz por nós o que nada mais pode fazer: nos dá alegria e paz e nos faz entrar no descanso. Por que os homens tentam obter a salvação por outros meios? Um antigo pregador diz: "Um servo tolo que é solicitado a abrir uma porta encosta nela o seu ombro e a empurra com toda a força; porém, a porta não se move e ele não consegue entrar, por mais força que faça. Outro vem com uma chave, destranca a porta com facilidade e entra imediatamente. Quem quer ser salvo pelas obras está forçando a porta do Céu, sem resultado, mas a fé é a chave que abre o portão imediatamente". Leitor, você não quer usar essa chave? O Senhor ordena que você creia em Seu amado Filho — portanto, você pode fazê-lo e, fazendo isso, viverá. Não é a promessa do evangelho que "Quem crer e for batizado será salvo" (MARCOS 16:16)? Qual pode ser sua objeção a um caminho de salvação que dá testemunho da misericórdia e sabedoria do nosso gracioso Deus?

Perguntas para estudo bíblico
1. Leia Lucas 7:36-50.
2. Faça uma lista do que Jesus faz e diz, do que Simão faz e diz e do que a mulher faz e diz.

Perguntas para reflexão pessoal
1. Com quem você se identifica em Lucas 7? Você é mais semelhante a Simão ou à mulher?
2. Quais são algumas das grandes dívidas pelas quais Deus perdoou você? Faça uma lista de algumas delas.
3. Você tem "paz e alegria" no perdão dessas dívidas? Por quê?

Oração
Pai, às vezes sou como a mulher de Lucas 7 e não consigo parar de te adorar pelo que fizeste. Porém, mais frequentemente, sou como Simão: critico a fé que os outros têm e as dívidas deles que tu perdoaste, crendo que não sou culpado da mesma transgressão aos Teus olhos. Ó, Pai, dá-me a fé daquela mulher. A consciência do meu pecado e o rápido arrependimento; o arrependimento indigno que lança aos Teus pés tudo de mim, meus ganhos, minhas vitórias, meu valor. Concede-me o dom da fé que me despede curado, livre e eternamente reverente à Tua grande dádiva. Não o mereço, mas tu o prometes a todos que pedirem, e eu peço. Cria em mim um coração puro e renova dentro de mim um espírito inabalável diante de ti. Em nome do Teu Filho eu oro. Amém.

Capítulo 11

AI DE MIM! NADA POSSO FAZER!

Após ter aceitado a doutrina da expiação e aprendido a grande verdade de que a salvação é pela fé no Senhor Jesus, frequentemente o coração ansioso fica dolorosamente perturbado, com uma sensação de incapacidade para o que é bom. Muitos estão resmungando: "Nada posso fazer". Eles não estão fazendo disso uma desculpa, e sim o sentem como um fardo diário. Eles fariam algo, se pudessem. Todos podem dizer honestamente: "Eu tenho o querer, mas não encontro um meio de realizá-lo". Esse sentimento parece tornar nulo e vazio todo o evangelho; afinal, de que serve o alimento a um homem faminto se este não consegue obtê-lo? De que vale o rio da água da vida se não podemos bebê-la? Lembramos a história do médico e do filho da mulher pobre. O sábio médico disse à mãe que seu filho logo estaria melhor com tratamento adequado, mas era absolutamente necessário que ele bebesse regularmente o melhor vinho e passasse uma temporada em um dos spas alemães. Isso, para uma viúva que mal conseguia pão para comer! Ora, às vezes parece ao coração perturbado que o simples evangelho de "Creia e viva" não é, afinal, tão simples, pois pede ao pobre pecador que faça o que é incapaz de fazer. Para os realmente despertos, mas parcialmente instruídos, parece haver um elo perdido; lá adiante está a salvação de Jesus, mas como ela pode ser alcançada? A alma está sem forças e não sabe o que fazer. Ela está em um lugar de onde pode avistar a cidade de refúgio, mas não pode entrar por seu portão. Essa falta de força está prevista no plano da salvação? Sim, está. A obra do Senhor é perfeita. Ela começa onde estamos e nada nos pede até ser completada. Quando o bom samaritano viu o viajante caído, ferido e desfalecido, não o mandou levantar-se, vir até ele, montar no burro e cavalgar até a hospedaria. Não — "passou-lhe perto" (LUCAS 10:33), tratou dele, colocou-o sobre o seu animal e o levou até a hospedaria. O Senhor Jesus lida conosco em nosso estado fraco e miserável da mesma maneira. Vimos que Deus justifica, que Ele justifica os ímpios e que Ele os justifica pela fé no precioso sangue de Jesus; agora, temos de enxergar a condição em que encontram tais ímpios quando Jesus efetua a salvação deles.

Muitas pessoas despertas estão perturbadas não apenas por seus pecados, mas também por sua fraqueza moral. Elas não têm forças para escapar do lamaçal em que caíram, nem para manter-se fora dele em dias posteriores. Elas se lamentam não só pelo que fizeram, mas também pelo que não podem fazer. Sentem-se impotentes, desamparadas e espiritualmente sem vida. Pode soar estranho dizer que elas se sentem mortas; contudo, é assim. Em sua própria avaliação, elas são incapazes de todo tipo de bem. Não podem percorrer a estrada para o Céu visto que seus ossos estão quebrados. "Nenhum dos valentes pode valer-se das próprias mãos" (SALMO 76:5). De fato, elas estão fracas. Felizmente, está escrito, como louvor ao amor de Deus por nós: "Cristo, quando nós ainda éramos fracos, morreu a seu tempo pelos ímpios" (ROMANOS 5:6). Aqui vemos o desamparo consciente ser aliviado pela interposição do Senhor Jesus. O nosso desamparo é extremo. Não está escrito "Quando éramos comparativamente fracos, Cristo morreu por nós" ou "Quando tínhamos apenas um pouco de força"; a descrição é absoluta e irrestrita: "quando nós ainda éramos fracos". Nós não tínhamos força alguma que pudesse ajudar em nossa salvação; as palavras do nosso Senhor foram enfaticamente verdadeiras: "sem mim nada podeis fazer" (JOÃO 15:5).

Posso ir além do texto e lembrar-lhe do grande amor com que o Senhor nos amou, ainda quando estávamos "mortos nos [nossos] delitos e pecados" (EFÉSIOS 2:1). Estar morto é ainda mais do que estar sem forças. A única coisa em que o pobre pecador sem força tem de fixar sua mente, e retê-la firmemente como sua única base de esperança, é a garantia divina de que "Cristo morreu a seu tempo pelos ímpios". Creia nisso e toda incapacidade desaparecerá. Assim como a lenda do toque de Midas relata que ele transformava tudo em ouro, a verdade é que a fé transforma em bem tudo que ela toca. Nossas exatas necessidades e fraquezas se tornam bênçãos quando a fé lida com elas. Detenhamo-nos em certas formas dessa falta de força.

Para começar, um homem dirá: "Senhor, não tenho forças para ordenar meus pensamentos e mantê-los fixos naqueles temas solenes referentes à minha salvação. Uma breve oração é quase demais para mim. Em parte, talvez, devido a uma fraqueza natural; em parte, porque me prejudiquei por devassidão; e, também em parte, porque me preocupo com os cuidados do mundo, de modo que não sou capaz dos pensamentos elevados necessários antes de a alma poder ser salva". Essa é uma forma muito comum de fraqueza pecaminosa. Observe isso! Você está sem força neste ponto e há muitos como você. Eles não conseguiriam realizar um encadeamento de pensamentos para salvar a própria vida. Muitos homens e mulheres pobres são analfabetos e desinstruídos e considerariam uma reflexão profunda um trabalho muito pesado. Outros são, por natureza, tão frívolos e fúteis que seriam incapazes de seguir um longo processo de argumentação e raciocínio tanto quanto seriam incapazes de voar. Eles jamais conseguiriam alcançar o conhecimento de qualquer mistério profundo, ainda que gastassem toda a vida nesse esforço. Você não precisa, portanto, desesperar-se: o que é necessário para a salvação não é um pensamento contínuo, e sim uma simples confiança em Jesus. Apegue-se a este único fato: "Cristo morreu a seu tempo pelos ímpios". Essa verdade não exigirá de você qualquer pesquisa profunda, raciocínio profundo ou argumento convincente. É simples: "Cristo morreu a seu tempo pelos ímpios". Fixe sua mente nisso e descanse. Que esse grande, gracioso e glorioso fato repouse em seu espírito até perfumar todos os seus pensamentos e fazê-lo alegrar-se mesmo que esteja sem forças, vendo que o Senhor Jesus se tornou a sua força e canção, sim, Ele se tornou a sua salvação. De acordo com as Escrituras, trata-se de um fato revelado que, no devido tempo, Cristo morreu pelos ímpios quando eles ainda eram fracos. Talvez, você tenha ouvido essas palavras centenas de vezes, mas nunca percebeu o seu significado. Há um sabor alegre nelas, não há? Jesus não morreu por nossa justiça, e sim por nossos pecados. Ele não veio para nos salvar porque éramos dignos de ser salvos, e sim porque éramos totalmente indignos, arruinados e destruídos. Ele não veio à Terra por qualquer razão ligada a nós, e sim unicamente por razões que Ele buscou no âmago de Seu próprio amor divino. No devido tempo,

Ele morreu por aqueles a quem descreve, não como piedosos, e sim como ímpios, aplicando-lhes o adjetivo mais sem esperança que poderia ter escolhido. Ainda que você tenha uma mente pouco privilegiada, apegue-a a essa verdade, que é adequada à capacidades irrisórias e capaz de alegrar o coração mais abrutalhado. Que esse texto fique sob a sua língua como um pedaço de doce, até dissolver-se em seu coração e dar sabor a todos os seus pensamentos; então, pouco importará se aqueles pensamentos forem tão dispersos quanto folhas de outono. Pessoas que nunca brilharam em ciência, nem exibiram a menor originalidade mental, foram, porém, plenamente capazes de aceitar a doutrina da cruz e foram salvas por meio dela. Por que você não seria?

Ouço outro homem afirmar: "Ó, senhor, minha falta de força reside principalmente em eu ser incapaz de arrepender-me o suficiente!". Que ideia curiosa os homens têm acerca do que é arrependimento! Muitos imaginam que muitas lágrimas devem ser derramadas, muitos gemidos devem ser produzidos e muito desespero deve ser suportado. De onde vem essa noção disparatada? Incredulidade e desespero são pecados; portanto, não vejo como podem ser elementos constituintes de um arrependimento aceitável; contudo, muitos os consideram partes necessárias da verdadeira experiência cristã. Eles estão cometendo um enorme erro. Ainda assim, sei o que querem dizer, pois nos dias de minhas trevas eu costumava sentir-me da mesma maneira. Eu desejava arrepender-me, mas pensava ser incapaz de fazê-lo, contudo estava me arrependendo o tempo todo. Por mais estranho que possa soar, eu sentia ser incapaz de sentir. Eu costumava ir para um canto e chorar, porque não conseguia chorar e caía em amarga tristeza porque não conseguia entristecer-me pelo pecado. Como tudo é tão confuso quando, em nosso estado de incredulidade, começamos a julgar nossa própria condição! É como um cego olhando para os próprios olhos. Meu coração estava derretido dentro de mim por medo, pois pensava que meu coração era tão duro quanto um diamante. Meu coração ficava partido ao pensar que ele não se quebrantaria. Agora posso ver que eu estava exibindo exatamente aquilo que pensava não possuir, mas eu não sabia onde estava. Ó, se eu pudesse ajudar outros a chegarem à luz de que agora usufruo! Ansioso, diria uma palavra que poderia encurtar o tempo da perplexidade deles. Eu diria algumas palavras simples e oraria para que "o Consolador" as aplicasse ao coração.

Lembre-se de que o homem que realmente se arrepende nunca está satisfeito com o seu próprio arrependimento. Não conseguimos nos arrepender perfeitamente, assim como não conseguimos viver perfeitamente. Por mais puras que sejam as nossas lágrimas, sempre haverá alguma sujeira nelas: haverá algo do qual nos arrependermos até mesmo no nosso melhor arrependimento. Porém, ouça! Arrepender-se é transformar a mentalidade acerca do pecado, de Cristo e de todas as grandes coisas de Deus. Há tristeza implícita nisso, mas o essencial é o coração desviar-se do pecado e seguir para Cristo. Se houver essa transformação, você terá a essência do verdadeiro arrependimento, ainda que nenhum alarme e nenhum desespero jamais tenham lançado sua sombra sobre a sua mente. Se você não conseguir arrepender-se como gostaria, muito lhe ajudará crer firmemente em que "Cristo morreu a seu tempo pelos ímpios". Pense nisso repetidas vezes. Como você pode continuar a ter o coração endurecido quando sabe que, por amor supremo, "Cristo morreu pelos ímpios"? Permita-me convencê-lo a raciocinar da seguinte maneira: Ímpio como sou, embora este coração de aço não queira enternecer-se, embora em vão eu bata em meu peito, Cristo morreu por aqueles que são como eu, visto que morreu pelos ímpios. Ó, que eu possa crer nisso e sentir o poder disso em meu coração pétreo! Apague de sua alma qualquer outra reflexão, sente-se durante uma hora inteira e medite profundamente acerca dessa resplandecente demonstração de amor imerecido, inesperado e incomparável: "Cristo morreu pelos ímpios".

Releia atentamente a narrativa da morte do Senhor, encontrada nos quatro evangelhos. Se alguma coisa for capaz de comover o seu coração obstinado, será uma visão dos sofrimentos de Jesus e a consideração de que Ele sofreu tudo aquilo por Seus inimigos.

> "Ó Jesus! Doces as lágrimas que derramo
> Enquanto a Teus pés me ajoelho
> Olho para Tua cabeça ferida e desmaiada
> E todas as Tuas tristezas sinto.
> Meu coração se desfaz ao ver-te sangrar
> Este coração anteriormente tão duro;
> eu te ouço pleitear pelos culpados
> E a dor transborda ainda mais.
>
> Foi pelo pecador que morreste
> E eu, um pecador, permaneço:
> Convencido por Teu olho moribundo
> Morto por Tua mão perfurada."[1]

Certamente, a cruz é aquele bordão milagroso que pode tirar água de uma rocha. Se você compreende o significado completo do sacrifício divino de Jesus, precisa arrepender-se de algum dia ter se oposto a Alguém tão repleto de amor. Está escrito: "olharão para aquele a quem traspassaram; pranteá-lo-ão como quem

---

[1] Hino *O Jesus, sweet the tears I shed*, de Ray Palmer (1808–87).

pranteia por um unigênito e chorarão por ele como se chora amargamente pelo primogênito" (ZACARIAS 12:10). O arrependimento não fará você ver a Cristo, mas ver a Cristo lhe trará arrependimento. Você não pode fazer de seu arrependimento um Cristo, mas precisa buscar o arrependimento no Salvador. Ao nos voltarmos para Cristo, o Espírito Santo nos afastará do pecado. Então, desvie o olhar do efeito para a causa, do seu próprio arrependimento para o Senhor Jesus, que é exaltado nas alturas para conceder arrependimento.

Ouvi outro homem dizer: "Sou atormentado por pensamentos horríveis. Aonde quer que eu vá, blasfêmias me invadem. Frequentemente, em meu trabalho, uma sugestão terrível se impõe a mim e, até mesmo em minha cama, sou despertado do sono por sussurros do Maligno. Não consigo fugir dessa tentação horrível". Amigo, sei o que você quer dizer, pois eu mesmo fui caçado por esse lobo. Um homem pode esperar lutar contra um enxame de moscas com uma espada tanto quanto dominar seus próprios pensamentos quando eles são inspirados pelo diabo. Uma pobre alma tentada, atacada por sugestões satânicas, é como um viajante acerca de quem eu li, sobre cuja cabeça, orelhas e corpo inteiro surgiu um enxame de abelhas furiosas. Ele não conseguia mantê-las afastadas, nem escapar delas. Elas o picaram por toda parte, colocando sua vida em risco. Não me surpreende você sentir que não tem forças para deter esses pensamentos hediondos e abomináveis que Satanás derrama em sua alma; contudo, gostaria de lembrar-lhe da Palavra de Deus que está diante de nós — "Cristo, quando nós ainda éramos fracos, morreu a seu tempo pelos ímpios". Jesus sabia onde estávamos e onde deveríamos estar; Ele viu que não seríamos capazes de vencer "o príncipe da potestade do ar"[2]; o Senhor sabia

---

[2] Efésios 2:2

que seríamos muito afligidos por esse inimigo; mesmo assim, ao ver-nos em tal condição, Cristo morreu pelos ímpios. Ancore a sua fé nisso. O próprio diabo não pode lhe dizer que você não é ímpio; então, creia que Jesus morreu até mesmo por pessoas como você. Lembre-se da maneira de Martinho Lutero cortar a cabeça do diabo com sua própria espada. O diabo disse a Martinho Lutero: "Ó, você é um pecador". Lutero disse: "Sim, Cristo morreu para salvar os pecadores". Assim, ele o feriu com sua própria espada. Esconda-se neste refúgio e mantenha-se ali: "Cristo morreu a seu tempo pelos ímpios". Se você permanecer firmado nessa verdade, seus pensamentos blasfemos, que você não tem força para afastar, irão embora por si mesmos, pois Satanás verá que não está atingindo propósito algum ao atormentá-lo com eles. Se você odeia esses pensamentos, eles não são seus, e sim injeções do diabo, pelas quais ele, não você, é responsável. Se você luta contra eles, eles não lhe pertencem mais do que os insultos e falsidades dos desordeiros nas ruas. É por meio desses pensamentos que o diabo quer levá-lo ao desespero ou, pelo menos, impedi-lo de confiar em Jesus. A pobre mulher enferma não pôde chegar até Jesus porque o povo o comprimia (LUCAS 8:43-48). Você está, basicamente, na mesma condição, devido à velocidade e quantidade desses pensamentos terríveis. Ainda assim, ela estendeu o dedo, tocou a orla da veste do Senhor e foi curada. Faça o mesmo. Jesus morreu pelos culpados de "todo pecado e blasfêmia" (MATEUS 12:31). Por isso, estou certo de que Ele não recusará quem, a contragosto, é cativo de maus pensamentos. Lance-se sobre Ele, com pensamentos e tudo, e veja se Ele não é poderoso para salvar. Ele poderá acalmar aqueles horríveis sussurros do demônio ou capacitar você a vê-los à sua verdadeira luz, para que não possa ser afligido por eles. À Sua própria maneira, Ele pode salvá-lo, e o fará, e, por fim, dar-lhe-á perfeita paz. Apenas confie no Senhor para isso e tudo mais. Tristemente desconcertante é a forma de incapacidade que reside em uma suposta falta de poder para crer. Não somos estranhos ao brado: "Ó, se eu conseguisse crer, tudo seria mais fácil; eu quero, mas não consigo; Senhor, alivia-me! Minha ajuda precisa vir de ti". Muitos permanecem em trevas durante anos porque não têm poder, como dizem, para desistir de todo poder e repousar no poder de outro, do próprio Senhor Jesus. De fato, toda essa questão do crer é muito curiosa, pois tentar crer não ajuda muito. O crer não resulta de tentativas. Se uma pessoa tivesse de fazer uma declaração acerca de algo que aconteceu hoje, eu não deveria dizer-lhe que tentaria acreditar nela. Se eu acreditasse na veracidade do homem que me contou o incidente e disse tê-lo testemunhado, deveria aceitar a afirmação imediatamente. Se eu não o considerasse digno de confiança, é claro que não deveria acreditar nele, mas não teria como tentar. Ora, quando Deus declara que há salvação em Cristo Jesus, eu preciso crer imediatamente nele ou dizer que Ele é mentiroso. Certamente, você não hesitará quanto ao que é certo neste caso — o testemunho de Deus de fato é verdadeiro, e nós somos imediatamente obrigados a crer em Jesus. Porém, possivelmente você tem tentado demais crer. Ora, não almeje coisas grandiosas. Satisfaça-se com ter a fé que pode manter em suas mãos esta verdade singular: "Cristo, quando nós ainda éramos fracos, morreu a seu tempo pelos ímpios". Ele deu a Sua vida pelos homens enquanto eles ainda não criam nele, nem eram capazes de fazê-lo. Ele morreu pelos homens, não como cristãos, mas como pecadores. Ele veio para transformar esses pecadores em cristãos e santos, mas, quando morreu por eles, considerou-os totalmente sem forças. Se você se apegar à verdade de que Cristo morreu pelos ímpios e crer nisso, sua fé o salvará e você poderá seguir em paz. Se confiar sua alma a Jesus, que morreu pelos ímpios, embora não consiga crer em tudo, nem mover montanhas, nem fazer qualquer outra obra maravilhosa, ainda assim está salvo. Não é uma grande fé, e sim a verdadeira fé que salva; e a salvação não está na fé, mas no Cristo em quem a fé confia. A fé semelhante a um grão de mostarda trará salvação. O que deve ser considerado não é o tamanho da fé, e sim a sinceridade dela. Certamente, um homem é capaz de acreditar no que ele sabe ser verdade, e, como você sabe, Jesus é verdadeiro; assim, meu amigo, você pode crer nele. A cruz, que é o objeto da fé, é também, pelo poder do Espírito Santo, a causa dela. Sente-se e observe o Salvador moribundo até a fé brotar espontaneamente em seu coração. Não há lugar como o Calvário para desenvolver confiança. O ar daquele monte sagrado traz saúde à fé vacilante. Muitos observadores disseram ali: "Senhor, enquanto eu te vejo, ferido, aflito, ofegante no madeiro maldito, sinto meu coração crendo que tu sofreste assim por mim".[3]

Outra pessoa declara: "Ai de mim! Minha falta de força está em não conseguir deixar de pecar e eu sei que não posso ir para o Céu carregando meu pecado comigo". Alegro-me por você saber disso, porque de fato é verdade. Você precisa estar divorciado dos seus pecados para poder casar-se com Cristo. Lembre-se desta pergunta que veio à mente do jovem Bunyan, certo domingo, enquanto praticava esportes no gramado: "Você abandonará seus pecados e irá para o Céu, ou continuará pecando e irá para o inferno?". Isso o levou a um impasse. Essa é uma pergunta que todo homem terá de responder, pois não há como continuar pecando e ir para o Céu. É impossível! Você precisa abandonar o pecado ou abandonar a

---

[3] Daniel Turner, hino *Jesus, Full of All Compassion*, Ash and Evans, 1769.

esperança. Você responde: "Sim, eu estou suficientemente disposto. O querer está em mim, mas não encontro uma maneira de realizar o que quero. O pecado me domina, e eu não tenho força". Então, se você não tem força, este texto ainda é verdadeiro: "Cristo, quando nós ainda éramos fracos, morreu a seu tempo pelos ímpios". Você ainda consegue crer nisso? Ainda que outras coisas possam parecer contradizer essa verdade, você crerá? Deus o disse, e isso é um fato; portanto, agarre-se a ele como uma morte cruel, porque a sua única esperança está lá. Creia nisso e confie em Jesus, e você logo encontrará o poder para derrotar o seu pecado; porém, se você estiver separado de Jesus, o forte homem armado o manterá para sempre como seu escravo. Pessoalmente, eu jamais conseguiria ter vencido a minha própria pecaminosidade. Tentei e falhei. Minhas propensões malignas eram demasiadas para mim, até que, crendo que Cristo morreu por mim, lancei minha alma culpada sobre Ele e, então, recebi um princípio conquistador pelo qual venci meu *eu* pecaminoso. A doutrina da cruz pode ser usada para vencer o pecado, da mesma maneira como os antigos guerreiros usavam suas enormes espadas de empunhar com duas mãos e derrubavam seus inimigos a cada golpe. Nada se assemelha à fé no Amigo do pecador: ela vence todo o mal. Se Cristo morreu por mim, ímpio como sou, fraco como sou, não posso mais viver em pecado — preciso despertar para amar e servir Àquele que me redimiu. Não posso brincar com o mal que matou o meu melhor Amigo. Preciso ser santo por amor a Ele. Como posso viver em pecado quando Ele morreu para me salvar do pecado? Veja que esplêndida ajuda é, para você que está sem forças, saber e crer que, a seu tempo, Cristo morreu por ímpios como você. Você entendeu a ideia? De algum modo, é muito difícil para a nossa mente obscura, preconceituosa e incrédula enxergar a essência do evangelho. Às vezes, após pregar, penso ter exposto o evangelho de maneira tão clara que o nariz não poderia ser mais evidente em um rosto; contudo, percebo que até mesmo os ouvintes inteligentes não conseguiram entender o que significava "Olhai para mim e sede salvos" (ISAÍAS 45:22).

Os convertidos costumam dizer que não conheciam o evangelho até tal dia; ainda assim, eles o tinham ouvido durante anos. O evangelho é desconhecido, não por falta de explicação, mas por ausência de revelação pessoal. O Espírito Santo está pronto a concedê-la, e a concederá a quem lhe pedir. Contudo, quando concedida, o total da verdade revelada reside nestas palavras: "Cristo morreu pelos ímpios".

Ouço outro lamentando-se assim: "Ó, senhor, minha fraqueza está em não conseguir manter-me focado durante muito tempo! Ouço a Palavra em um domingo e fico impressionado; porém, durante a semana, encontro um companheiro de má índole e os meus bons sentimentos se vão. Meus colegas de trabalho não creem em coisa alguma e dizem coisas muito terríveis e, não sabendo como respondê-las, vejo-me derrotado". Eu conheço muito bem esse influenciável e tremo por ele; no entanto, ao mesmo tempo, se ele for realmente sincero, sua fraqueza poderá ser alcançada pela graça divina. O Espírito Santo pode expulsar do homem o espírito maligno do medo. Ele pode tornar o covarde corajoso. Lembre-se, meu pobre amigo vacilante, você não deve permanecer nesse estado. Nunca será bom ser mesquinho e desprezível consigo mesmo. Fique em pé, olhe para si mesmo e veja se você alguma vez foi criado para ser como um sapo debaixo de um ancinho, temendo que sua vida se mova ou fique parada. Tenha mente própria. Esse não é um assunto apenas espiritual — ele diz respeito à masculinidade comum. Eu faria muitas coisas para agradar aos meus amigos, mas ir para o inferno para agradá-los é mais do que eu ousaria. Pode ser muito bom fazer isso e aquilo por uma boa amizade, porém nunca será bom perder a amizade de Deus para manter-se em bons termos com homens. "Eu sei disso", diz o homem, "contudo, mesmo sabendo, não consigo criar coragem. Não consigo revelar minha natureza. Não aguento firme". Bem, para você tenho também o mesmo texto: "Cristo, quando nós ainda éramos fracos, morreu a seu tempo pelos ímpios". Se estivesse aqui, Pedro diria: "O Senhor Jesus morreu por mim quando eu era ainda uma criatura tão pobre e fraca, que a criada junto à fogueira me levou a mentir e a jurar que eu não conhecia o Senhor". Sim, Jesus morreu por aqueles que o abandonaram e fugiram. Agarre-se firmemente a esta verdade: "Cristo morreu pelos ímpios quando ainda eram fracos". Esse é o caminho para você abandonar sua covardia. Forje na sua alma "Cristo morreu por mim" e, em pouco tempo, estará pronto para morrer por Ele. Creia que Ele sofreu em seu lugar e ofereceu por você uma expiação completa, verdadeira e satisfatória. Se você crer nesse fato, será forçado a sentir: "Não posso ter vergonha daquele que morreu por mim". Uma plena convicção de que isso é verdadeiro o fortalecerá com uma coragem destemida. Veja os santos da era dos mártires. Nos primeiros dias do Cristianismo, quando o grande pensamento do extremo amor de Cristo cintilava na Igreja em todo o seu frescor, os homens estavam não apenas prontos para morrer, mas também se tornaram ambiciosos por sofrer e chegaram a apresentar-se às centenas nos tribunais dos governantes, confessando o Cristo. Não digo que eles foram sábios em cortejar uma morte cruel, mas isso prova o meu argumento de que uma percepção do amor de Jesus eleva a mente acima de todo medo do que o homem nos possa fazer. Por que não deveria produzir o mesmo efeito em você? Ó, que isso possa, agora, inspirá-lo com uma corajosa resolução de chegar-se ao Senhor e ser Seu seguidor até o fim! Que o Espírito

Santo nos ajude a chegar até aqui pela fé no Senhor Jesus, e tudo ficará bem!

Perguntas para estudo bíblico
1. Leia Romanos 5.
2. O que Paulo quis dizer ao usar a palavra "fracos"?
3. De que maneira os romanos podem ter entendido isso?

Perguntas para reflexão pessoal
1. Você se sente forte? Apto? Capaz? Por quê?
2. O que ou quem é a fonte de sua força? Seja sincero.
3. O que faz você sentir-se fraco? Como a fraqueza o faz se sentir em relação a si mesmo? E em relação a Deus?

Oração

Pai, confronta-me com minha fraqueza para que eu possa ver a Tua força. Permita-me ser consolado com a minha fraqueza em vez de confundido por ela. Sem fraqueza, não tenho necessidade de Tua força, não necessito do evangelho — e essa é uma condição terrível para se estar. Em minha fraqueza, aperfeiçoa o Teu poder em mim. Que todas as minhas forças venham de ti e sejam para ti. Quando venço, dou glória a ti, não a mim mesmo. Quando luto contra o pecado, dou glória a ti, não a mim mesmo. Quando vejo os Teus atributos, dou glória a ti, não a mim mesmo. Quando confio em ti, é para Tua glória e não para minha. Quando falho, é para Tua glória visto que tu ainda me aceitas e me amas, não para minha. Obrigado por essa força, que não vem de mim mesmo ou de algo que eu possa conjurar ou conquistar, mas totalmente de ti, por meio de ti e para ti. E obrigado por dar-me o exemplo do Teu Filho, que não considerou a igualdade contigo algo a se apegar, mas tornou-se fraco, obediente até a morte e morte de cruz, para poder revelar a Tua força. No nome dele, eu oro. Amém.

Capítulo 12

O CRESCIMENTO DA FÉ

Como podemos obter o crescimento da fé? Para muitos, essa é uma pergunta muito séria. Eles dizem que querem crer, mas não conseguem. Fala-se muito disparate acerca desse assunto. Sejamos estritamente práticos ao lidar com ele. O bom-senso é tão necessário na religião quanto em qualquer outro lugar. "O que devo fazer para crer?" Alguém a quem foi perguntado qual a melhor maneira de realizar certo ato simples respondeu que a melhor maneira de o fazer era fazê-lo imediatamente. Nós perdemos tempo discutindo métodos quando a ação é simples. O caminho mais curto para crer é crer. Se o Espírito Santo o tornou fervoroso, você crerá assim que a verdade for colocada diante de você. Você crerá porque é verdade. O mandamento do evangelho é claro: "Crê no Senhor Jesus

Cristo e serás salvo" (ATOS 16:31). É inútil fugir disso com perguntas e sofismas. A ordem é simples; que seja obedecida.

Mesmo assim, se você tiver dificuldade, leve-a diante de Deus em oração. Diga ao grande Pai exatamente o que é que o intriga e implore a Ele que o Seu Espírito Santo resolva a questão. Se eu não consigo acreditar em uma afirmação de um livro, fico contente em perguntar ao autor o que ele quer dizer com aquilo e, se ele for um homem sincero, sua explicação me satisfará. Muito mais a explicação divina dos pontos difíceis das Escrituras satisfará o coração daquele que os examina em verdade. O Senhor está disposto a dar-se a conhecer; vá a Ele e veja se não é assim. Vá imediatamente para o seu quarto e clame: "Ó Espírito Santo, leva-me à verdade! Ensina-me o que eu não sei". Além disso, se parece difícil ter fé, é possível que Deus Espírito Santo o capacite a crer se você ouvir, com muita frequência e sinceridade, aquilo em que lhe é ordenado crer. Nós acreditamos em muitas coisas porque as ouvimos com muita frequência. Na vida comum, você não percebe que, se ouve alguma coisa 50 vezes por dia, acaba acreditando nela? Alguns homens passaram a acreditar em afirmações muito improváveis por meio desse processo; por isso, não me surpreende que, com frequência, o bom Espírito abençoe o método de ouvir constantemente a verdade e o use para efetuar a fé naquilo que deve ser crido. Está escrito: "a fé vem pelo ouvir" (ROMANOS 10:17 ARC). Portanto, ouça continuamente. Se eu ouvir o evangelho com fervor e atenção, algum dia desses me encontrarei crendo no que ouço, por meio da bendita ação do Espírito de Deus em minha mente. Apenas cuide de ouvir o evangelho e não distraia sua mente ouvindo ou lendo aquilo que é projetado para deixá-lo perplexo. Se isso, porém, parecer um mau conselho, eu acrescentaria: considere o testemunho de outras pessoas. Os samaritanos creram devido ao que a mulher lhes disse acerca de Jesus. Muitas de nossas crenças surgem do testemunho de outras pessoas. Acredito que existe um país como o Japão; nunca o vi, mas acredito que esse lugar existe porque outros já estiveram lá. Eu acredito que vou morrer; nunca morri, mas muitas pessoas que conheci morreram e, por isso, estou convicto de que também morrerei. O testemunho de muitos me convence desse fato. Então, dê ouvido àqueles que lhe contam como foram salvos, como foram perdoados, como seu caráter foi transformado. Se você examinar o assunto, descobrirá que alguém exatamente como você foi salvo. Se você foi um ladrão, descobrirá que um ladrão se alegrou em lavar seu pecado na fonte do sangue de Cristo. Se, infelizmente, você não foi casto, descobrirá que homens e mulheres que caíram dessa maneira foram limpos e transformados. Se você está desesperado, só precisa entrar no meio do povo de Deus e indagar um pouco, e descobrirá que alguns dos santos também têm estado desesperados, para que Ele possa produzir nos pecadores uma melhor disposição no tocante ao seu Deus. Seja grato pela providência que o tornou pobre, doente ou triste, visto que por tudo isso Jesus reanima a vida do seu espírito e o leva a voltar-se para Ele. Frequentemente, a misericórdia do Senhor chega à porta do nosso coração no cavalo preto da aflição. Jesus usa toda a gama de nossa experiência para nos apartar da Terra e nos atrair ao Céu. Cristo é exaltado ao trono do Céu e da Terra para que, por todos os processos de Sua providência, possa subjugar corações endurecidos ao gracioso abrandamento do arrependimento. Além disso, Ele está agindo neste momento por meio de todos os Seus sussurros à consciência, por Seu Livro inspirado, por aqueles de nós que falam com base nesse Livro, e por amigos orando e corações fervorosos. Ele pode enviar a você uma palavra que atingirá seu coração pétreo como que com o bordão de Moisés e fará fluir torrentes de arrependimento.

Ele pode trazer à sua mente algum texto tocante das Escrituras Sagradas, que conquistará você muito rapidamente. Ele pode abrandá-lo misteriosamente sem que você perceba e, diante do Espírito Santo e do amor de Jesus, ainda ter espaço para arrependimento. Embora, às vezes, você possa ser tão endurecido quanto incrédulo, eles ficarão contentes em lhe dizer como o Senhor os libertou. Ao ouvir um após outro daqueles que experimentaram a Palavra de Deus e a aprovaram, o Espírito divino levará você a crer.

Você não ouviu falar do africano a quem o missionário disse que, às vezes, a água ficava tão dura que um homem conseguia andar sobre ela? Ele declarou que cria em muitas coisas que o missionário lhe dissera, mas ele nunca acreditaria naquilo. Quando foi para a Inglaterra, aconteceu que, em um dia gelado, ele viu o rio congelado, mas não quis aventurar-se nele. Ele sabia que era um rio profundo e tinha certeza de que se afogaria caso se aventurasse nele. Dessa forma, enquanto seu amigo e muitos outros não o fizeram, ele não se convenceu a andar sobre as águas congeladas; então, depois disso, arriscou-se e confiou em ir aonde outros haviam se aventurado com segurança. Assim, ao ver outras pessoas crendo no Cordeiro de Deus e perceber a alegria e paz que elas têm, você será mansamente levado a crer. A experiência dos outros é uma das maneiras de Deus nos ajudar a crescer em fé. Você tem de crer em Jesus ou morrer; só nele há esperança para você. Um plano melhor é observar a autoridade na qual você foi ordenado a crer; isso o ajudará muito a ter fé. A autoridade não é minha; caso contrário, você poderia muito bem rejeitá-la. Porém, você é ordenado a crer na autoridade do próprio Deus. Ele ordena que você creia em Jesus Cristo e você não deve se recusar a obedecer ao seu Criador.

O mestre de obras de certa construção ouvira frequentemente o evangelho, mas estava incomodado pelo medo de talvez não ir a Cristo. Certo dia, seu bom patrão enviou à obra um cartão que dizia: "Venha à minha casa imediatamente após o trabalho". Esse homem apareceu à porta de seu patrão, que saiu e disse, um pouco asperamente:

—Que você quer, John, me incomodando neste momento? O trabalho está feito, que direito você tem aqui?

— Senhor, recebi um cartão seu dizendo que eu deveria vir após o trabalho. —respondeu o mestre de obras

—Você quer dizer que, apenas por haver recebido um cartão meu, deve vir à minha casa e me chamar após o horário comercial?

—Bem, senhor, eu não o entendo, mas me parece que, por me ter chamado, eu tinha o direito de vir.

—Entre, John; tenho outra mensagem que quero ler para você. —disse o patrão.

Ele se sentou e leu estas palavras: "Vinde a mim, todos os que estais cansados e sobrecarregados, e eu vos aliviarei" (MATEUS 11:28). "Você pensa que, após tal mensagem de Cristo, você pode estar errado em ir a Ele?", perguntou o patrão. O pobre homem entendeu tudo imediatamente e creu no Senhor Jesus para a vida eterna, pois percebeu que tinha bom fundamento e autoridade para crer. Você também tem, pobre alma! Você tem boa autoridade para ir a Cristo, porque o próprio Senhor ordena que você confie nele. Se isso não gera fé em você, repense no que você deve crer — que o Senhor Jesus Cristo sofreu em lugar dos pecadores e tem capacidade para salvar todos os que confiam nele. Ora, esse é o fato mais bendito no qual os homens foram instruídos a crer; a mais adequada, confortante e divina verdade já apresentada às mentes mortais. Aconselho você a pensar muito sobre ela e a pesquisar a graça e o amor nela contidos. Estude os quatro evangelhos, estude as epístolas de Paulo e, então, veja se a mensagem não é tão crível que você seja forçado a crer nela. Se isso não funcionar, pense na pessoa de Jesus Cristo. Pense em quem Ele é, no que Ele fez, onde Ele está e o que Ele é. Como você pode duvidar dele? É crueldade desconfiar do Jesus sempre verdadeiro. Ele nada fez para merecer desconfiança; pelo contrário, deve ser fácil confiar nele. Por que crucificá-lo novamente pela incredulidade? Não é isso coroá-lo com espinhos novamente e cuspir nele novamente? Quê? Ele não é confiável? Que pior insulto os soldados lançaram sobre Ele do que esse? Eles fizeram dele um mártir, mas você faz dele um mentiroso; isso é muito pior. Não pergunte: "Como posso crer?", e sim responda a esta outra pergunta: Como pode você descrer?

Se nada disso é válido, há algo totalmente errado com você; minha última palavra é: "Submeta-se a Deus"! Preconceito ou orgulho estão na base dessa incredulidade. Que o Espírito de Deus remova a sua inimizade e faça você se render. Você é um rebelde, um rebelde orgulhoso, e é por isso que não crê no seu Deus. Desista da sua rebeldia; lance fora as suas armas; submeta-se à discrição, entregue-se ao seu Rei. Eu acredito que nunca uma alma levantou as mãos em desespero e bradou: "Senhor, eu me rendo" sem que a fé não se tornasse fácil para ela em pouco tempo. Você não consegue crer porque ainda tem uma desavença com Deus, por isso resolve ter a sua própria vontade e o seu próprio caminho. Cristo disse: "Como podeis crer, vós que aceitais glória uns dos outros?" (JOÃO 5:44). O ego orgulhoso gera incredulidade. Submeta-se, ó homem. Renda-se ao seu Deus, então você crerá docemente no seu Salvador. Que o Espírito Santo agora trabalhe secreta, mas eficazmente com você e o leve a crer no Senhor Jesus neste exato momento! Amém.

Perguntas para estudo bíblico
1. Leia Marcos 9:14-29.
2. Por que você pensa que os discípulos não conseguiram expelir o demônio?
3. Quando Jesus diz "Tudo é possível", Ele quer dizer que todos os que creem sempre conseguem o que desejam? O que Ele quer dizer?

Perguntas para reflexão pessoal
1. O que você está pedindo a Deus e se esforçando para crer que Ele lhe concederá?
2. Você é capaz de confessar a sua incredulidade a Ele, sabendo que Ele ainda o ama?
3. Ele garante conceder-lhe o que você pede?
4. O que Deus promete conceder a você? O que Ele não promete?

Oração

Pai, tenho uma lista de coisas que creio que o Senhor me concederá se eu pedir bastante ou esperar o suficiente, e tenho toda uma lista de coisas que tenho medo de te pedir porque tu podes não as conceder a mim; há também uma terceira lista. Esta última tem todas as coisas que tu prometeste dar-me e me deste e, por algum motivo, eu as deixei passar despercebidas ou ignorei totalmente, porque o que eu quero parece ser mais importante do que o que tu me deste. Perdoa-me, Pai, por não ver o pão que deste como suficiente e por ter pequena fé para pedir mais. Aumenta a minha fé em ti e não nas Tuas dádivas. Reforça a minha confiança em Tua presença e não em conseguir o que eu desejo. Aumenta a minha fé em Teu Filho *e não em alguma visão futura para a minha vida. Obrigado por enviares o Teu Espírito para me ajudar, o Teu Filho para interceder por mim, e por seres um Pai que concede boas dádivas, incluindo a dádiva da fé, se pedirmos. Amém.*

Capítulo 13

A REGENERAÇÃO E O ESPÍRITO SANTO

Importa-vos nascer de novo.
—JOÃO 3:7

Essa palavra do nosso Senhor Jesus pareceu inflamar-se no caminho de muitos, como a espada desembainhada do querubim no portão do paraíso. Eles se desesperaram porque essa transformação está além do seu esforço máximo. O novo nascimento vem do alto e, portanto, não depende da criatura. Ora, nem passa pela minha mente negar ou esconder uma verdade para criar um falso conforto. Admito abertamente que o novo nascimento é sobrenatural e não pode ser realizado pelo próprio pecador. Seria de pouca ajuda para o meu leitor eu ser suficientemente perverso para tentar animá-lo convencendo-o a rejeitar ou esquecer o que é inquestionavelmente verdadeiro. Porém, não é notável que o exato capítulo em que o nosso Senhor faz essa impactante declaração contenha também a declaração mais explícita acerca da salvação pela fé? Leia o capítulo 3 do evangelho de João e não se detenha apenas nas frases anteriores. Veja o quanto isso é verdade: "respondeu Jesus: Em verdade, em verdade te digo que, se alguém não nascer de novo, não pode ver o reino de Deus" (V.3). Mais adiante: "E do modo por que Moisés levantou a serpente no deserto, assim importa que o Filho do Homem seja levantado, para que todo o que nele crê tenha a vida eterna" (VV.14,15). E na sequência, vemos a repetição da mesma doutrina em termos mais amplos: "Quem nele crê não é julgado; o que não crê já está julgado, porquanto não crê no nome do unigênito Filho de Deus" (V.18). É claro para todos os leitores que essas duas afirmações só podem ser concordantes, visto que saíram dos mesmos lábios e estão registradas na mesma página inspirada. Por que devemos criar uma dificuldade onde não pode existir? Se uma declaração nos assegura que para a salvação é necessário algo que somente Deus pode dar e a outra nos assegura que o Senhor nos salvará por crermos em Jesus, podemos concluir com segurança que, a quem crer, o Senhor concederá tudo que é declarado como necessário para a salvação. O Senhor produz, de fato, o novo nascimento em todos os que creem em Jesus, e o seu crer é a evidência mais segura de que eles nasceram de novo. Nós confiamos em Jesus por aquilo que não podemos fazer por nós mesmos; se conseguíssemos, que necessidade teríamos de buscá-lo? A nós cabe crer, ao Senhor cabe criar-nos de novo. Ele não crerá por nós, nem nós deveremos fazer a obra regeneradora por Ele. É-nos suficiente obedecer ao gracioso mandamento e, ao Senhor, realizar o novo nascimento em nós. Aquele que chegou a ponto de morrer na cruz por nós pode nos dar, e dará, tudo que é necessário para a nossa eterna segurança. "Porém, uma transformação salvadora do coração é obra do Espírito Santo." Também isso é maximamente verdadeiro; longe de nós questioná-lo ou esquecê-lo. Porém, a obra do Espírito Santo é secreta e misteriosa, só podendo ser percebida por seus resultados. Há mistérios acerca do nosso nascimento natural nos quais seria uma curiosidade profana bisbilhotar; isso se aplica ainda mais às sagradas ações do Espírito de Deus. "O vento sopra onde quer, ouves a sua voz, mas não sabes donde vem, nem para onde vai; assim é todo o que é nascido do Espírito" (JOÃO 3:8). Sabemos, porém, que a obra misteriosa do Espírito Santo não pode ser uma razão para recusar-se a crer em Jesus, de quem esse mesmo Espírito dá testemunho. Se um homem fosse ordenado a semear um campo, não teria como justificar sua negligência dizendo que seria inútil semear se Deus não fizesse a semente crescer. Ele não teria justificativa para negligenciar a lavoura porque somente a energia secreta de Deus pode criar uma colheita. Ninguém é impedido nas atividades normais da vida pelo fato de que, a menos que o Senhor edifique a casa, eles trabalham em vão para edificá-la. É certo que nenhum homem que crê em Jesus descobrirá que o Espírito Santo se recusa a trabalhar nele; de fato, sua fé é a prova de que o Espírito já está agindo em seu coração. Deus age com providência, mas os homens, portanto, não devem ficar parados. Eles não podem se mover sem que o poder divino lhes dê vida e força e ainda assim prosseguem em seu caminho sem questionar; o poder sendo concedido dia a dia por Aquele em cujas mãos está seu fôlego e de quem são todos os seus caminhos. Assim é na graça. Arrependemo-nos e cremos, embora não poderíamos fazer nada se o Senhor não nos capacitasse. Abandonamos o pecado e confiamos em Jesus, e então percebemos que o Senhor realizou em nós o que queremos e o que fazemos de acordo com Sua boa vontade.

É inútil fingir que existe alguma real dificuldade no tocante a isso. Algumas verdades difíceis de explicar em palavras são suficientemente simples na experiência verdadeira. Não há discrepância entre a verdade de que o pecador crê e de que sua fé é efetivada nele pelo Espírito Santo. Somente a insensatez pode levar os homens a se desorientarem acerca de questões simples enquanto sua alma corre perigo. Ninguém se recusaria a entrar em um barco salva-vidas por não conhecer a gravidade específica dos corpos; igualmente, um homem faminto não se recusaria a comer enquanto não entendesse todo o processo da nutrição. Se você, meu leitor, não crer enquanto não conseguir entender todos os mistérios, jamais será salvo; se permitir que dificuldades geradas por você mesmo o impeçam de aceitar o perdão por meio do seu Senhor e Salvador, perecerá em uma condenação grandemente merecida. Não cometa suicídio espiritual por uma paixão de discutir sutilezas metafísicas.

Perguntas para estudo bíblico
1. Leia João 3.
2. Escreva a aparente disparidade que você vê entre os versículos 3 e 14, 15 e 18.
3. O que diz essa passagem acerca de Deus e dos filhos de Deus?

Perguntas para reflexão pessoal
1. Há uma área de sua vida que você negligenciou pensando que, se Deus quer que você cresça ou amadureça nessa área, Ele terá de fazê-lo sozinho? Por quê?

2. Para você, como seria confiar no Espírito que habita em você para crescer e amadurecer nessa área?
3. O que você teria de eliminar ou sacrificar para experimentar crescimento nessa área?
4. Você está disposto a fazer isso? Por quê?

Oração

Pai, ensina-me a andar nos ritmos que tu estabeleceste para mim nas Escrituras: sendo habitação do Teu Espírito, seguindo o Teu Filho, buscando a ti, meu Pai. Ensina-me a obedecer ao Espírito que habita em mim, mas também me ensina a descansar na obra consumada do Teu Filho. Pai, tu sabes que andar na tensão dos dois é difícil, por isso peço ajuda, sabendo que Tu sabias que seria difícil e enviaste o Espírito para ajudar antes mesmo de eu pedir. Dá-me a fé de uma criança quanto ao que é verdadeiro acerca de ti. Obrigado por tornares o evangelho tão simples que até as crianças conseguem entendê-lo facilmente. Oro para que tu aumentes a minha fé e me ajudes a louvar-te pelo que já fizeste à ela. Estou surpreso por me haveres escolhido, amado e guardado. Em nome do Teu Filho. Amém.

Capítulo 14

O REDENTOR VIVE

Tenho falado continuamente ao leitor acerca do Cristo crucificado, que é a grande esperança para o culpado. Mas é sábio lembrar que o nosso Senhor ressuscitou dos mortos e vive eternamente. Não se pede que você confie em um Jesus morto, e sim naquele que, embora tenha morrido por nossos pecados, ressuscitou para nossa justificação. Você pode ir a Jesus imediatamente, como a um amigo vivo e presente. Ele não é uma mera memória, e sim uma Pessoa viva e eterna que ouvirá as suas orações e as responderá. Jesus vive com o propósito de continuar a obra pela qual Ele entregou a Sua vida. Ele está intercedendo pelos pecadores à destra do Pai e, por isso, tem a capacidade de salvar perfeitamente quem, por meio dele, se chegar a Deus. Vá e experimente esse Salvador vivo, caso nunca o tenha feito. Esse Jesus vivo é também elevado a uma eminência de glória e poder. Agora, Ele não sofre como um homem humilde diante de seus inimigos, nem trabalha como o filho do carpinteiro; em vez disso, é exaltado muito acima dos principados e potestades e de todo nome. O Pai lhe deu todo o poder no Céu e na Terra, e Ele exerce essa elevada delegação na realização de Sua obra da graça. Ouça o que Pedro e os outros apóstolos testificaram sobre ele perante o sumo sacerdote e o Sinédrio: "O Deus de nossos pais ressuscitou a Jesus, a quem vós matastes, pendurando-o num madeiro. Deus, porém, com a sua destra, o exaltou a Príncipe e Salvador, a fim de conceder a Israel o arrependimento e a remissão de pecados" (ATOS 5:30,31).

A glória que cerca o Senhor ascenso deve soprar esperança no peito de cada cristão. Jesus não é uma pessoa mesquinha — Ele é "salvador e redentor" (ISAÍAS 19:20). Ele é o Redentor dos homens, coroado e entronizado. A soberana prerrogativa de vida e morte está investida nele; o Pai colocou todos os homens sob o governo mediador do Filho, para que Ele possa vivificar a quem Ele quiser. O que Ele abre, nenhum homem pode fechar. À Sua palavra, a alma presa pelas cordas do pecado e da condenação pode ser liberta num instante. Ele estende o cetro de prata, e todo aquele que o toca vive. É bom para nós que, assim como o pecado, a carne e o diabo vivem, Jesus também vive; e é bom que, seja qual for o poder que eles possam ter para nos arruinar, Jesus tem um poder ainda maior para nos salvar. Toda a Sua exaltação e capacidade são para nosso benefício. Ele é exaltado *para ser* e exaltado *para prover*. Ele é exaltado como Príncipe e Salvador, para poder fornecer tudo o que é necessário a fim de realizar a salvação de todos os que se colocam sob Seu governo.

Jesus nada tem que não use para a salvação do pecador e nada é que não demonstre na abundância de Sua graça. Ele une o Seu principado à Sua condição de Salvador, como se um não existisse sem o outro, e apresenta a Sua exaltação como destinada a trazer bênçãos aos homens, como se isso fosse o ornamento e a coroa de Sua glória. Poderia haver algo mais calculado para aumentar as esperanças dos pecadores que procuram por Cristo?

Jesus suportou grande humilhação e, por isso, havia espaço para Ele ser exaltado. Por essa humilhação, Ele cumpriu e suportou toda a vontade do Pai e, por isso, foi recompensado ao ser elevado à glória. Ele usa essa exaltação em favor de Seu povo. Que o meu leitor levante seus olhos para essas colinas de glória, de onde a sua ajuda terá de vir. Que ele contemple as elevadas glórias do Príncipe e Salvador. Não é mais esperançoso para os homens que um Homem esteja agora no trono do Universo? Não é glorioso que o Senhor de todos seja o Salvador dos pecadores? Nós temos um amigo no tribunal; sim, um amigo no trono. Ele usará toda a Sua influência em favor de quem confiar seus assuntos às Suas mãos. Bem canta um de nossos poetas: "Ele vive eternamente para interceder diante da face de Seu Pai / Dá a Ele, minha alma, / Tua causa para pleitear / Não duvide da graça do Pai".[1]

Vem, amigo, e entregue sua causa e sua circunstância às mãos outrora perfuradas, agora glorificadas com os anéis de sinete de poder e honra reais. Nenhum processo entregue a esse grande Advogado jamais fracassou.

Perguntas para estudo bíblico
1. Leia Atos 5:17-42.
2. Faça uma lista do que os apóstolos estavam enfrentando nesse capítulo.
3. Faça uma lista do que Deus os capacitou a fazer em face do conflito.

---

[1] Issac Watts (1674–1748).

Perguntas para reflexão pessoal
1. Você acredita que seu Redentor vive e que Ele vive para interceder por você?
2. De que maneira saber que Jesus está vivo e intercedendo por você altera a maneira como você age em áreas em que há resistência ao evangelho em sua vida e na vida de outras pessoas?
3. Como seria, para você, enfrentar oposição em uma área específica e prosseguir com graça e confiança de um filho de Deus cujo Redentor vive?

Oração
Pai, confesso que fico com a língua travada quando me deparo com oportunidades de pregar aos meus vizinhos e amigos incrédulos. A resistência é certa, e as mentiras em que eles acreditam acerca de sua própria bondade ou capacidade de chegar ao Céu por seus próprios méritos são fortes. Eu me deparo com isso e vacilo. Porém, Deus, o meu Redentor vive! Ele vive, e isso realmente muda tudo. Deve mudar tudo e deve me dar absoluta confiança em pregar a mensagem da salvação a todos os que quiserem ouvi-la e aos que porventura não o quiserem. Dá-me coragem para viver como se Teu Filho vivesse, porque Ele, de fato, vive. No nome dele eu oro. Amém.

Capítulo 15

O ARREPENDIMENTO ESTÁ UNIDO AO PERDÃO

O texto que citamos recentemente deixa claro que o arrependimento está vinculado ao perdão de pecados. Em Atos 5:31, lemos que Jesus é exaltado para conceder arrependimento e perdão de pecados. Essas duas bênçãos provêm da mão sagrada que, certa vez, foi pregada no madeiro, mas que agora está elevada à glória. Arrependimento e perdão são unidos pelo propósito eterno de Deus. O que Deus uniu, nenhum homem separe. O arrependimento precisa acompanhar a remissão; você verá que é assim se pensar um pouco no assunto. O perdão de pecados não pode ser concedido a um pecador impenitente; isso serviria para confirmá-lo em seus maus caminhos e ensiná--lo a fazer pouco caso do mal. Se o Senhor dissesse: "Você ama o pecado, e vive nele, e vai de mal a pior, mas, mesmo assim, eu te perdoo", isso seria proclamar uma horrível licença para a iniquidade. Os fundamentos da ordem social seriam removidos e a anarquia moral viria em seu encalço. Não sou capaz de mensurar quais inumeráveis males certamente ocorreriam se você pudesse separar o arrependimento e o perdão e ignorar o pecado enquanto o pecador continuasse tão apaixonado por ele quanto sempre fora. A própria natureza das coisas exige que, se crermos na santidade de Deus, mas continuarmos em nosso pecado e não nos arrependermos dele, não poderemos ser perdoados e deveremos colher as consequências da nossa obstinação. De acordo com a infinita bondade de Deus, temos a promessa de que, se abandonarmos os nossos pecados confessando-os e, pela fé, aceitarmos a graça que nos é concedida em Cristo Jesus, Deus é fiel e justo para nos perdoar os pecados e nos limpar de toda injustiça. Porém, enquanto Deus viver, não haverá promessa de misericórdia para quem continua em seus maus caminhos e se recusa a reconhecer os seus erros. Certamente, nenhum rebelde pode esperar que o rei perdoe a sua traição enquanto permanecer em franca revolta. Ninguém pode ser tão tolo a ponto de imaginar que o Juiz de toda a Terra removerá os nossos pecados se nós mesmos nos recusarmos a fazê-lo. Além disso, é preciso ser assim para a perfeição da misericórdia divina. Aquela misericórdia que poderia perdoar o pecado e, ainda assim, permitir que o pecador vivesse nele seria uma misericórdia limitada e superficial. Seria uma misericórdia desigual e deformada, coxa de um dos pés e com uma das mãos ressequida.

Qual você pensa ser o maior privilégio: a purificação da culpa do pecado ou a libertação do poder do pecado? Não tentarei pesar na balança duas misericórdias tão insuperáveis. Nenhuma delas poderia ter vindo a nós sem o precioso sangue de Jesus. Porém, parece-me que, para ser liberto do domínio do pecado, para ser feito santo, para ser semelhante a Deus, precisamos considerar qual o maior dos dois, se for para fazer uma comparação. Ser perdoado é um favor incomensurável. Uma das primeiras notas do nosso salmo de louvor é "Ele é quem perdoa todas as tuas iniquidades" (SALMO 103:3). Porém, se nós pudéssemos ser perdoados e, depois, autorizados a amar o pecado, viver na devassidão da iniquidade e chafurdar-se na luxúria, de que valeria tal perdão? Ele não poderia acabar sendo um doce envenenado que, com máxima eficácia, nos destruiria? Ser lavado e, contudo, deitar-se na lama; ser declarado limpo e, no entanto, ter lepra branca na testa, seria exatamente zombar da misericórdia. De que vale tirar o homem de seu sepulcro se você o deixa morto? Por que conduzi-lo à luz se ele ainda está cego? Agradecemos a Deus porque Aquele que perdoa as nossas iniquidades também cura as nossas doenças. Aquele que nos lava das manchas do passado também nos ergue dos caminhos imundos do presente e nos impede de falhar no futuro. Precisamos aceitar com alegria tanto o arrependimento quanto a remissão; eles não podem ser separados. A herança da aliança é única e indivisível, e não deve ser separada. Dividir a obra da graça seria cortar pela metade o filho vivo, e quem o permitisse não teria interesse nela.

Perguntarei a você, que está buscando ao Senhor, se ficaria satisfeito com apenas uma dessas misericórdias. Meu leitor, você se contentaria se Deus perdoasse os seus pecados e, depois, lhe permitisse ser tão mundano e perverso quanto antes? Ó, não! O espírito vivificado tem mais medo do pecado em si do que dos resultados penais dele. O clamor do seu coração não é "Quem me livrará do castigo?", e sim "Desventurado homem que sou! Quem me livrará do corpo desta morte? Quem me capacitará a viver acima da tentação e a tornar-me santo, assim como Deus é santo?". Dado que a unidade do arrependimento com a remissão está em acordo com o desejo gracioso, e que essa unidade é necessária para a plenitude da salvação e para a santidade, tenha certeza de que ela permanece.

Arrependimento e perdão estão unidos na experiência de todo cristão. Nunca houve uma pessoa sinceramente arrependida do pecado que não tenha sido perdoada; por outro lado, nunca houve uma pessoa perdoada que não tivesse se arrependido do seu pecado. Não hesito em dizer que, debaixo do céu, nunca houve, não há e nunca haverá caso algum de pecado lavado se, ao mesmo tempo, o coração não for levado ao arrependimento e à fé em Cristo. O ódio ao pecado e o senso de perdão se unem na alma e permanecem unidos enquanto vivemos. Estas duas coisas agem e reagem uma sobre a outra: o homem que é perdoado se arrepende; e o homem que se arrepende também é, com toda certeza, perdoado. Lembre-se, primeiro, de que o perdão leva ao arrependimento. Como cantamos nas palavras de Hart: "A lei e os terrores apenas endurecem / Enquanto operam sozinhos / Mas um sentimento de perdão comprado com sangue / Logo dissolve um coração de pedra".[1]

Quando temos convicção de que somos perdoados, abominamos a iniquidade; e suponho que, quando a fé cresce tornando-se plena segurança, de modo que temos certeza, sem sombra de dúvida, de que o sangue de Jesus nos deixou mais alvos do que a neve, é então que o arrependimento atinge o seu ápice. O arrependimento cresce à medida que a fé cresce. Não se engane quanto a isso; o arrependimento não é uma coisa de dias e semanas, uma penitência temporária a terminar o mais rápido possível! Não; ele é graça de uma vida inteira, como a própria fé. Os filhinhos de Deus se arrependem, e também os jovens e

---

[1] Joseph Hart, *Great High Priest, We See Thee Stooping*, Biglow and Main, 1884.

os pais. O arrependimento é o companheiro inseparável da fé. Enquanto andamos por fé e não por vista, a lágrima do arrependimento brilha nos olhos da fé. Não é verdadeiro o arrependimento que não provém da fé em Jesus, e nem é verdadeira a fé em Jesus que não é impregnada de arrependimento. Como gêmeos siameses, a fé e o arrependimento estão vitalmente unidos. Na mesma proporção em que cremos no amor perdoador de Cristo, nos arrependemos; e na proporção em que nos arrependemos do pecado e odiamos o mal, nos regozijamos na plenitude da absolvição que Jesus é exaltado para prover. Você nunca valorizará o perdão se não se arrepender e nunca experimentará o mais profundo traço de arrependimento enquanto não souber que está perdoado. Pode parecer estranho, mas é assim — o amargor do arrependimento e a doçura do perdão se misturam no sabor de toda vida graciosa e criam uma felicidade incomparável. Essas duas dádivas da aliança são a garantia mútua uma da outra. Se eu sei que me arrependo, sei que sou perdoado. Como saberei que sou perdoado se não souber também que me desviei do meu antigo caminho pecaminoso? Ser cristão é ser penitente. A fé e o arrependimento são apenas dois raios do mesmo aro, dois cabos do mesmo arado.

O arrependimento foi bem descrito como um coração quebrantado pelo pecado e em decorrência do pecado; também pode ser chamado de virar-se e voltar. Ele é o tipo mais completo e radical de transformação da mente, acompanhada por tristeza pelo passado e uma resolução de emenda no futuro. O hino infantil nos lembra que arrependimento é deixar "Os pecados que antes amávamos / E mostrar que estamos profundamente tristes / Não fazendo mais aquilo".[2] Ora, quando isso acontecer, poderemos ter certeza de que fomos perdoados, pois o

---

[2] Anne and Jane Taylor, *Repentance*, 1812.

Senhor nunca levou um coração a ser quebrantado pelo pecado e em decorrência do pecado sem perdoá-lo. Se, por outro lado, estamos desfrutando do perdão pelo sangue de Jesus, somos justificados pela fé e temos paz com Deus por meio de Jesus Cristo, nosso Senhor, sabemos que nosso arrependimento e fé são do tipo certo. Não considere o seu arrependimento como a causa da sua remissão, e sim como o companheiro dela. Não espere ser capaz de arrepender-se enquanto não vir a graça do nosso Senhor Jesus e a Sua prontidão para apagar o seu pecado. Mantenha essas coisas benditas em seus lugares e veja-as em sua interdependência. Eles são o Jaquim e o Boaz[3] de uma experiência salvadora; quero dizer que elas são comparáveis aos dois grandes pilares de Salomão, que ficavam na fachada da casa do Senhor e formavam uma entrada majestosa para o santo lugar. Nenhum homem vai a Deus corretamente se não passar entre os pilares do arrependimento e da remissão. O arco-íris da graça da aliança foi exibido em toda a sua beleza sobre o seu coração quando a luz do perdão total brilhou sobre as lágrimas do arrependimento. O arrependimento do pecado e a fé no perdão divino são a urdidura e a trama do tecido da verdadeira conversão. Por esses sinais você conhecerá um verdadeiro israelita.

Voltando ao texto bíblico sobre o qual estamos meditando: tanto o perdão quanto o arrependimento fluem da mesma fonte e são dados pelo mesmo Salvador. Em Sua glória, o Senhor Jesus concede os dois às mesmas pessoas. Você não encontrará a remissão ou o arrependimento em outro lugar. Jesus tem os dois prontos e está preparado para concedê-los agora, e concedê-los gratuitamente a todos os que os aceitarem de Suas mãos. Nunca nos esqueçamos de que Jesus concede tudo que é necessário para a nossa salvação. É muitíssimo importante que todos os

---

[3] 1Rs 7:21

que buscam misericórdia se lembrem disso. A fé é um dom de Deus, tanto quanto o Salvador do qual essa fé depende. O arrependimento do pecado é tão verdadeiramente a obra da graça quanto a realização de uma expiação por meio da qual o pecado é apagado. A salvação é, do início ao fim, somente pela graça. Você não me entenderá mal. Não é o Espírito Santo quem se arrepende. Ele nunca fez algo de que devesse se arrepender. Se Ele pudesse se arrepender, não adiantaria; somos nós que precisamos nos arrepender do nosso próprio pecado; caso contrário, não seremos salvos do poder do pecado. Não é o Senhor Jesus Cristo quem se arrepende. De que deveria Ele se arrepender? Nós mesmos nos arrependemos com o pleno consentimento de todas as faculdades da nossa mente. A vontade, as afeições, as emoções, todas trabalham em conjunto, com todo o empenho, no bendito ato de arrependimento pelo pecado; ainda assim, por trás de tudo que é um ato pessoal nosso, há uma influência sagrada secreta que amolece o coração, leva à contrição e produz uma transformação completa. O Espírito de Deus nos ilumina para ver o que o pecado é, tornando-o, assim, repulsivo aos nossos olhos. O Espírito de Deus também nos conduz à santidade, nos faz apreciá-la, amá-la e desejá-la de coração, e assim nos dá o ímpeto pelo qual somos conduzidos de etapa em etapa na santificação. O Espírito de Deus age em nós para querermos e realizarmos de acordo com o que agrada a Deus. Submetamo-nos imediatamente a esse bom Espírito, para que Ele possa nos conduzir a Jesus, que nos dará gratuitamente a dupla bênção do arrependimento e da remissão, segundo as riquezas da Sua graça.

Pela graça sois salvos. —EFÉSIOS 2:8

Perguntas para estudo bíblico
1. Leia Filipenses 2:1-18.
2. Liste: O que Cristo, como parte da Trindade, realiza? O que Deus efetua? O que o homem faz com a ajuda de Cristo?

Perguntas para reflexão pessoal
1. Com suas próprias palavras, defina arrependimento e remissão.
2. De que maneira isso tem se demonstrado em sua vida?
3. Você tem dificuldade com o arrependimento ou com o crer na remissão? Por quê?

Oração

Pai, sempre que penso que me arrependi totalmente, outra coisa me vem à mente. Parece um processo sem fim. Contudo, eu sei que fui totalmente perdoado por ti, salvo e selado para o Teu reino eterno. Ajuda-me a me arrepender continuamente e jamais descrer da Tua obra de remissão. Tu cancelaste a minha dívida para contigo e retiraste as acusações. Por Teu Filho, minha dívida foi paga e as acusações foram encerradas. Obrigado. Obrigado. Obrigado. Abençoa meu cântico a ser eternamente uma resposta grata e contínua de arrependimento por saber que tu me amas e me guardas como Teu eternamente. Em nome do Teu Filho. Amém.

Capítulo 16

O ARREPENDIMENTO É ALGO CONCEDIDO

Retornando ao grandioso texto: "Deus, porém, com a sua destra, o exaltou a Príncipe e Salvador, a fim de conceder a Israel o arrependimento e a remissão de pecados" (ATOS 5:31).

Nosso Senhor Jesus Cristo subiu para que a graça pudesse descer. Sua glória é utilizada para dar maior aceitação à Sua graça. O Senhor não deu um passo para o alto senão com o propósito de levar consigo para o alto cristãos pecadores. Ele é exaltado para conceder arrependimento; isso nós veremos se nos lembrarmos de algumas grandes verdades. A obra realizada pelo nosso Senhor Jesus tornou o arrependimento possível, disponível e aceitável. A lei não faz menção de arrependimento, mas diz claramente: "a alma que pecar, essa morrerá" (EZEQUIEL 18:4).

Se o Senhor Jesus não tivesse morrido, ressuscitado e voltado para o Pai, de que valeria o seu arrependimento ou o meu?

Poderíamos sentir remorso com seus horrores, mas nunca arrependimento com suas esperanças. O arrependimento, como sentimento natural, é um dever comum que não merece grande elogio: de fato, está tão geralmente misturado com o medo egoísta de punição, que a estimativa mais amena faz pouco dele. Se Jesus não tivesse se interposto e produzido uma grande quantidade de mérito, nossas lágrimas de arrependimento teriam sido um monte de água derramada no chão. Jesus é exaltado nas alturas para que, pela virtude de Sua intercessão, o arrependimento possa encontrar lugar perante Deus. No tocante a isso, Ele nos concede arrependimento porque coloca o arrependimento em uma posição de aceitação que, de outra forma, nunca poderia ter ocupado. Quando Jesus foi exaltado nas alturas, o Espírito de Deus foi derramado para efetuar em nós todas as graças necessárias. O Espírito Santo gera arrependimento em nós renovando sobrenaturalmente a nossa natureza e extraindo da nossa carne o coração de pedra.

Ó, não se acomode forçando os olhos para buscar lágrimas impossíveis! O arrependimento não provém de uma natureza indisposta, e sim de gratuita e soberana graça. Não vá ao seu quarto para ferir seu peito a fim de extrair, de um coração de pedra, sentimentos que não existem. Em vez disso, vá ao Calvário e veja como Jesus morreu. Olhe para cima, para os montes de onde vem o seu socorro. O Espírito Santo veio com o propósito de eclipsar o espírito dos homens e gerar arrependimento em seu interior, assim como, certa vez, Ele pairou sobre caos e criou ordem. Sussurre a Ele a sua oração: "Bendito Espírito, habita em meu interior. Faze-me manso e humilde de coração, para que eu possa odiar o pecado e me arrepender dele sinceramente". Ele ouvirá o seu pranto e lhe responderá.

Lembre-se também de que, quando foi exaltado, o nosso Senhor Jesus não apenas nos concedeu arrependimento ao enviar o Espírito Santo, mas, consagrou todas as obras da natureza e da providência para os grandes fins da nossa salvação, para que qualquer uma delas possa nos chamar ao arrependimento, quer cante como o galo de Pedro ou abale o carcereiro com o terremoto na prisão. À destra de Deus, o nosso Senhor Jesus governa todas as coisas aqui embaixo e as faz cooperar para a salvação dos Seus remidos. Ele usa amargos e doces, prova uma mentalidade santa para envolvê-lo quando você menos espera. Esteja certo de que Aquele que foi para a Sua glória, elevado a todo esplendor e majestade de Deus, tem maneiras abundantes de efetuar o arrependimento naqueles a quem Ele concede o perdão. Agora mesmo, Ele está esperando para conceder arrependimento a você. Peça-o a Ele imediatamente. Observe, com muito alívio, que o Senhor Jesus Cristo concede esse arrependimento às pessoas mais improváveis do mundo. Ele é exaltado para dar arrependimento a Israel. Para Israel! Nos dias em que os apóstolos assim falavam, Israel era a nação que havia pecado mais gravemente contra a luz e o amor, ousando dizer: "Caia sobre nós o seu sangue e sobre nossos filhos" (MATEUS 27:25). Mesmo assim, Jesus é exaltado para lhes dar arrependimento! Que maravilha de graça! Se você foi educado sob mais brilhante luz cristã, contudo a rejeitou, ainda há esperança. Se você pecou contra o Israel da antiguidade, a mansidão ainda pode vir a você, visto que Jesus é exaltado e revestido de poder ilimitado. O Senhor Jesus é exaltado para conceder arrependimento e perdão dos pecados a quem foi mais longe na iniquidade e pecou com especial gravidade. Sou feliz por ter um evangelho tão pleno para proclamar! Você é feliz por ter permissão para lê-lo! O coração dos filhos de Israel endureceu como um diamante. Lutero costumava pensar que era impossível converter um judeu. Estamos longe de concordar com ele, mas precisamos admitir que a descendência de Israel tem sido extremamente obstinada em sua rejeição ao Salvador durante esses muitos séculos. Verdadeiramente disse o Senhor: "Israel não me atendeu" (SALMO 81:11); "Veio para o que era seu, e os seus não o receberam" (JOÃO 1:11). Ainda assim, o nosso Senhor Jesus é exaltado por conceder arrependimento e remissão pelo bem de Israel. Provavelmente, o meu leitor é gentio, mas pode ter um coração muito teimoso, que se opôs ao Senhor Jesus durante muitos anos; e até mesmo nele o nosso Senhor pode gerar o arrependimento. Talvez você ainda se sentirá compelido a escrever como William Hone quando se rendeu ao amor divino. Ele foi o autor de livros muito aprazíveis *Everyday Book* (Livro Diário), mas havia sido infiel e de coração duro. Ao ser subjugado pela graça soberana, ele escreveu: "O coração mais orgulhoso que já bateu / Foi subjugado em mim; / A vontade mais selvagem que já se levantou para desprezar / Tua causa e ajudar Teus inimigos foi subjugada, meu Senhor, por ti. Tua vontade, e não a minha, seja feita / Meu coração seja sempre Teu; / Confessando a ti a poderosa Palavra, / Meu Salvador Cristo, meu Deus, meu Senhor, / Tua cruz será o meu sinal."[1]

O Senhor pode prover arrependimento aos mais improváveis, transformando leões em cordeiros e corvos em pombas. Busquemos nele que essa grande transformação possa ser efetuada em nós. Certamente, a contemplação da morte de Cristo é um dos métodos mais seguros e rápidos de se obter arrependimento. Não se acomode e tente bombear arrependimento do poço seco da natureza corrupta. É contrário às leis da mente supor que você pode forçar a sua alma a entrar nesse estado gracioso. Leve seu coração em oração Àquele que o compreende

---

[1] *The Local Preacher's Magazine and Christian Family Record for the Year 1865* (Londres: Nelson and Co., 1865).

e diga: "Senhor, purifica-o. Senhor, renova-o. Senhor, efetue arrependimento nele". Quanto mais você tentar produzir emoções penitentes em si mesmo, mais se decepcionará; porém, se, crendo, pensar em Jesus morrendo por você, o arrependimento irromperá. Medite no Senhor vertendo o sangue do Seu coração por amor a você. Coloque diante dos olhos de seu entendimento a agonia e o suor com sangue, a cruz e a paixão; ao fazê-lo, Aquele que suportou toda essa dor olhará para você e, com aquele olhar, fará por você o que fez por Pedro, para que também você saia e chore amargamente. Aquele que morreu por você pode, por Seu gracioso Espírito, fazer você morrer para o pecado; e Aquele que foi para a glória por você pode atrair a sua alma para Ele, para longe do mal e em direção à santidade. Eu me contentarei em deixar com você este único pensamento: Não procure sob o gelo para encontrar fogo, nem espere encontrar arrependimento em seu próprio coração natural. Busque a vida naquele que vive. Busque em Jesus tudo de que você necessita entre o Portão do inferno e o Portão do Céu. Jamais busque em outro lugar qualquer parte daquilo que Jesus ama conceder; em vez disso, lembre-se: Cristo é tudo.

Perguntas para estudo bíblico
1. Leia Atos 5 novamente.
2. Pesquise o Antigo Testamento e faça uma lista de algumas maneiras pelas quais os israelitas demonstraram ter o coração endurecido para com Deus.
3. Agora, faça uma lista de algumas do Novo Testamento.
4. Caso haja, qual diferença existe entre as duas?

Perguntas para reflexão pessoal
1. Spurgeon diz: "Não procure sob o gelo para encontrar fogo, nem espere encontrar arrependimento em seu próprio coração natural. Busque a vida naquele que vive. Busque em Jesus tudo de que você necessita entre o Portão do inferno e o Portão do Céu. Jamais busque em outro lugar qualquer parte daquilo que Jesus ama conceder; em vez disso, lembre-se: Cristo é tudo".
Separe um tempo e pense se há gelo em seu coração.
2. Para você, como é buscar, naquele que vive, a vida onde o coração está endurecido?

Oração
Ore de coração! Peça a Ele o coração aquecido de um filho salvo e santificado.

Capítulo 17

MEDO DE FALHAR AO FINAL

O medo sombrio aterroriza a mente de muitos que estão indo para Cristo; eles temem não perseverar até o fim. Ouvi certo buscador dizer: "Se eu lançasse a minha alma sobre Jesus, ainda assim, talvez acabasse voltando para a perdição. Tive bons sentimentos antes, e eles morreram. Minha bondade tem sido como a nuvem da manhã e como o orvalho da madrugada. Veio de repente, durou certo tempo, prometeu muito e, depois, desapareceu".

Acredito que, frequentemente, esse medo é o pai do fato; e que alguns que temeram confiar em Cristo durante todo o tempo e toda a eternidade falharam porque tiveram fé temporária, que nunca foi suficientemente longe para salvá-los. Eles partiram confiando em Jesus até certo ponto, mas buscando em si mesmos a continuidade e perseverança no caminho em direção ao Céu. Assim, começaram erroneamente e, como consequência natural, retrocederam pouco tempo depois. Se confiarmos em nós mesmos para nos mantermos, não nos manteremos. Ainda que descansemos em Jesus para uma parte de nossa salvação, falharemos se confiarmos em nós mesmos para qualquer coisa. Nenhuma corrente é mais forte do que o seu elo mais fraco: se Jesus for a nossa esperança para tudo, exceto para uma única coisa, falharemos totalmente, pois nesse único ponto seremos nada. Não tenho dúvida alguma de que um erro quanto à perseverança dos santos impediu a perseverança de muitos que corriam bem a carreira. O que os impediu para que não continuassem a correr? Eles confiaram em si mesmos para aquela corrida, então pararam antes da chegada. Cuidado para não misturar até mesmo um pouco de si mesmo com a argamassa com a qual você constrói, senão comprometerá a qualidade dela e as pedras não se manterão unidas.

Se você buscar em Cristo o seu começo, cuidado para não buscar em si mesmo o seu fim. Ele é o Alfa. Cuide de fazê-lo também o Ômega. Se você começa no Espírito, não deve esperar ser aperfeiçoado pela carne. Comece da maneira como pretende continuar, continue como começou e deixe o Senhor ser tudo em você. Ó, que Deus Espírito Santo possa nos dar uma ideia muito clara de onde deve vir a força pela qual seremos preservados até o dia do aparecimento do nosso Senhor! Eis o que Paulo disse, certa vez, acerca desse assunto ao escrever aos coríntios: "...nosso Senhor Jesus Cristo, o qual também vos confirmará até ao fim, para serdes irrepreensíveis no Dia de nosso Senhor Jesus Cristo. Fiel é Deus, pelo qual fostes chamados à comunhão de seu Filho Jesus Cristo, nosso Senhor" (1 CORÍNTIOS 1:7-9). Essa linguagem admite silenciosamente uma grande necessidade ao nos contar a maneira pela qual ela é provida. Onde quer que o Senhor concede provisão, temos muita certeza de que havia necessidade dela, uma vez que nenhuma superfluidade obstrui a aliança da graça. Na casa do bosque de Salomão, ficavam pendurados escudos de ouro que nunca foram usados, mas no arsenal de Deus não há um desses sequer. Certamente, precisaremos daquilo que Deus proveu. Entre o agora e a consumação de todas as coisas, toda promessa de Deus e toda provisão da aliança da graça serão necessárias. A necessidade urgente da alma que crê é confirmação, continuidade, perseverança final, preservação até o fim. Essa é a grande necessidade dos cristãos mais avançados, visto que Paulo estava escrevendo aos santos de Corinto, homens excelentes, dos quais pôde dizer: "Sempre dou graças a meu Deus a vosso respeito, a propósito da sua graça, que vos foi dada em Cristo Jesus" (1 CORÍNTIOS 1:4). Tais homens são as mesmas pessoas que, mais seguramente, sentem ter necessidade diária de uma nova graça se quiserem persistir, resistir e, no fim, sair vencedores. Se os cristãos não fossem santos, não teriam graça e não sentiriam necessidade de mais graça; mas, por serem homens de Deus, sentem diariamente as exigências da vida espiritual. A estátua de mármore não requer alimento; o homem vivo, porém, tem fome e sede e se alegra por seu pão e sua água lhe serem garantidos, porque, do contrário, ele certamente desmaiaria no caminho. Os desejos pessoais do cristão tornam inevitável que ele se abasteça diariamente na grande fonte de todos os suprimentos; afinal, o que poderia ele fazer se não pudesse recorrer ao seu Deus? Isso é válido para os santos mais talentosos — aqueles homens de Corinto que foram enriquecidos com todas as palavras e todo o conhecimento. Eles precisavam ser confirmados até o fim; caso contrário, seus dons e conquistas provariam sua ruína.

Se soubéssemos as línguas dos homens e dos anjos, mas não recebêssemos uma nova graça, onde estaríamos? Nem se tivéssemos toda a experiência para sermos patriarcas da Igreja — se houvéssemos sido ensinados por Deus a compreender todos os mistérios — poderíamos viver um único dia sem a vida divina fluindo para nós de nossa Cabeça da Aliança. Como poderíamos esperar aguentar uma única hora, para não dizer uma vida, se o Senhor não nos sustentasse? Aquele que começou a boa obra em nós precisará realizá-la até o dia de Cristo; caso contrário, ela se mostrará um doloroso fracasso.

Essa grande necessidade surge, em grande parte, de nós mesmos. Em alguns, há um medo doloroso de não perseverar na graça por conhecerem a sua própria inconstância. Certas pessoas são constitucionalmente instáveis. Alguns homens são, por natureza, conservadores, para não dizer obstinados; outros, porém, são naturalmente variáveis e voláteis. Como borboletas, eles voam de flor em flor até visitar todas as belezas do jardim, não se detendo em qualquer delas. Eles nunca ficam tempo suficiente em um lugar para fazer qualquer bem; nem mesmo em seus negócios, nem em suas atividades intelectuais. Tais pessoas podem muito bem temer que 10, 20, 30, 40, talvez 50 anos de contínua vigilância religiosa sejam demais para elas. Vemos homens congregando primeiramente em uma igreja, depois em outra, até fecharem o círculo. Eles são tudo a cada momento e nada durante muito tempo. Eles têm a dupla necessidade de orar para que possam ser divinamente confirmados e possam ser tornados não somente constantes, mas também inabaláveis, caso contrário não serão encontrados "sempre abundantes na obra do Senhor" (1 CORÍNTIOS 15:58).

Todos nós, ainda que não tenhamos uma tentação constitucional à inconstância, precisamos sentir a nossa própria fraqueza se realmente somos vivificados por Deus. Caro leitor, você não encontra em qualquer dia o suficiente para fazê-lo tropeçar? Você, que deseja andar em perfeita santidade, como acredito que você queira; você — que colocou diante de si um padrão elevado do que um cristão deve ser — não acha que, antes de o café da manhã ser tirado da mesa, já demonstrou tolice suficiente para envergonhar-se? Se nos trancássemos na cela solitária de um eremita, a tentação nos seguiria, porque, assim como não conseguimos fugir de nós mesmos, não conseguimos escapar dos incitamentos ao pecado. Em nosso coração há algo que deve nos tornar vigilantes e humildes diante de Deus. Se Ele não nos confirmar, seremos tão fracos que tropeçaremos e cairemos; não derrubados por um inimigo, mas por nosso próprio descuido. *Senhor, sê tu a nossa força*. Nós somos a própria fraqueza.

Além disso, há o cansaço decorrente de uma vida longa. Quando começamos nossa profissão cristã, subimos com asas como águias, mais adiante corremos sem cansaço; porém, em nossos melhores e mais verdadeiros dias, caminhamos sem desmaiar. Nosso ritmo parece mais lento, mas é mais útil e mais bem sustentado. Oro a Deus para que a energia de nossa juventude possa continuar conosco, na medida em que seja a energia do Espírito e não a mera fermentação da soberba carne. Quem está há muito tempo na estrada para o Céu descobre que houve um bom motivo pelo qual lhe fora prometido que seus sapatos seriam de ferro e bronze, pois a estrada é acidentada. Ele descobriu que há o Desfiladeiro da Dificuldade[1] e o Vale da Humilhação; que há um Vale da Sombra da Morte e, pior ainda, uma Feira das Vaidades — e tudo isso deve ser atravessado. Se houver Montanhas das Delícias (e, graças a Deus, há), também há o Castelo da Dúvida, guardado pelo Gigante Desespero, cujo interior os peregrinos já viram com demasiada frequência. Considerando tudo, os que perseverarem até

---

[1] Daqui até o fim do parágrafo, Spurgeon faz menção de locais citados no livro *O peregrino* de Jonh Bunyan (Publicações Pão Diário, 2020).

o fim no caminho da santidade serão "homens de presságio" (ZACARIAS 3:8). Eu repito as palavras de Cristão em *O peregrino*: "Ó, mundo de maravilhas! (E que mais direi?)".

Os dias da vida de um cristão são semelhantes a muitos diamantes Koh-i-Noor[2] de misericórdia engastados no cordão de ouro da fidelidade divina. No Céu, contaremos aos anjos, principados e potestades as insondáveis riquezas de Cristo, que foram investidas em nós e desfrutadas por nós enquanto estávamos aqui embaixo. Nós fomos mantidos vivos à beira da morte. Nossa vida espiritual foi uma chama ardendo no meio do mar, uma pedra que permaneceu suspensa no ar. O Universo ficará pasmo ao nos ver entrar pelo portão de pérola, irrepreensíveis no dia de nosso Senhor Jesus Cristo. Nós devemos ficar repletos de grata maravilha se formos mantidos durante uma hora; e tenho certeza de que somos.

Se isso fosse tudo, haveria motivo suficiente para ansiedade, mas há muito mais. Temos de pensar em que lugar vivemos. O mundo é um enorme deserto para muitas pessoas do povo de Deus. Alguns de nós recebem uma grande condescendência da providência divina, mas outros lutam com dificuldade. Começamos nosso dia com oração e, frequentemente, ouvimos a voz de cânticos sagrados em nossa casa; muitas pessoas boas, porém, mal se levantam de seus joelhos pela manhã e já são saudadas com blasfêmia. Elas saem para trabalhar e, o dia todo, ficam vexadas com conversas torpes, como o justo Ló em Sodoma. Você consegue andar pelas ruas sem seus ouvidos serem atormentados por linguagem chula? O mundo não é amigo da graça. O melhor que podemos fazer com este mundo é atravessá-lo o mais rapidamente possível, visto que moramos

---

[2] O diamante Koh-i-Noor, que significa montanha de luz, é considerado um dos maiores e mais importantes do mundo. Ele é uma das joias da coroa britânica.

no país de um inimigo. Um ladrão se esconde em cada arbusto. Precisamos viajar por toda parte com uma "espada desembainhada" em nossas mãos ou, no mínimo, com a arma chamada "oração todo tempo" sempre ao nosso lado, pois lutamos em cada centímetro do nosso caminho. Não se engane quanto a isso, ou você será rudemente abalado de sua confortável ilusão. Ó Deus, ajuda-nos e confirma-nos até o fim; caso contrário, onde estaremos?

A verdadeira religião é sobrenatural em seu início, sobrenatural em sua continuação e sobrenatural em seu final. Ela é obra de Deus do início ao fim. Há uma grande necessidade de a mão do Senhor ainda estar estendida; o meu leitor está sentindo essa necessidade agora, e fico feliz por você senti-la, pois agora buscará sua própria preservação no Senhor, o único que é capaz de nos impedir de cair e de nos glorificar com Seu Filho.

Perguntas para estudo bíblico
1. Leia 1 Coríntios 1:1-9.
2. Paulo diz: "irrepreensíveis no dia de nosso Senhor". Ele quer dizer que os cristãos são culpados até então? Fundamente sua resposta no texto de 1 Coríntios 1.
3. O que os ouvintes originais teriam se esforçado para ouvir nessas palavras de Paulo?

Perguntas para reflexão pessoal
1. Spurgeon diz: "A verdadeira religião é sobrenatural em seu início, sobrenatural em sua continuação e sobrenatural em seu final". Em que ponto do caminho você perdeu a chama do seu primeiro amor em sua jornada cristã? Anos atrás? Hoje?

2. O que trouxe você de volta ao entendimento da obra contínua da salvação?
3. Qual percepção Deus desejaria reviver em sua vida hoje?

Oração

Pai, às vezes é a minha própria teimosa recusa que me leva aos caminhos de um coração endurecido. Tendo a pensar que a história do evangelho em minha vida resume-se em ser salvo pela graça, sustentado por meu próprio trabalho árduo e trazido a ti bem no fim. Porém, Pai, isso está totalmente equivocado. Tu me salvaste, tu estás me salvando e tu me salvarás. Ajuda-me a não me esquecer dos acontecimentos contínuos do evangelho — a obra contínua, as coisas que estão acontecendo hoje, a obra de crescimento, transformação, enchimento e esvaziamento que tu realizas sobrenaturalmente todos os dias. Eu não tenho de fazer isso sozinho e, de fato, sou incapaz. É por isso que, em cada pequeno detalhe de minha vida, tu cuidas da Tua obra em mim. Obrigado! Estou perdido sem ti — ontem, hoje e amanhã — perdido sem ti. Obrigado. Amém.

Capítulo 18

CONFIRMAÇÃO

Desejo que você perceba a segurança com que Paulo esperava confiantemente por todos os santos. Ele diz: "o qual também vos confirmará até ao fim, para serdes irrepreensíveis no Dia de nosso Senhor Jesus Cristo" (1 CORÍNTIOS 1:8). Esse é o tipo de confirmação que ultrapassa tudo que é desejável. Você vê que isso supõe que as pessoas estão certas e que propõe confirmá-las no certo. Seria terrível confirmar um homem em caminhos de pecado e erro. Pense em um bêbado inveterado, um ladrão inveterado ou um mentiroso inveterado. Seria deplorável um homem ser confirmado em incredulidade e na impiedade. A confirmação divina só pode ser desfrutada por aqueles a quem a graça de Deus já foi manifestada. Ela é obra do Espírito Santo.

Aquele que concede a fé a fortalece e a estabelece; Aquele que acende em nós o amor o preserva e aumenta a sua chama. O que Ele nos faz saber por Seu primeiro ensino, o bom

Espírito nos faz saber com maior clareza e certeza por meio de mais instrução. Os atos sagrados são confirmados até se tornarem hábitos; os sentimentos sagrados são confirmados até se tornarem condições permanentes. A experiência e a prática confirmam nossas convicções e resoluções. Tanto nossas alegrias quanto nossas tristezas, nossos sucessos e fracassos, são santificados para o mesmo fim — assim como a árvore é ajudada a enraizar-se pelas chuvas suaves e pelos ventos fortes. A mente é instruída e, em seu conhecimento crescente, reúne razões para perseverar no bom caminho: o coração é consolado e, assim, levado a apegar-se mais intimamente à verdade consoladora. O aperto aumenta, o passo fica mais firme, e o próprio homem se torna mais sólido e substancial. Esse não é um crescimento meramente natural, e sim uma obra do Espírito tão distinta quanto a conversão. Certamente, o Senhor o dará a quem estiver confiando nele para a vida eterna. Por meio do Seu agir em nosso interior, Ele nos livrará de ser "[impetuosos] como a água" (GÊNESIS 49:4) e nos fará enraizar e firmar. Essa é uma parte do método pelo qual Ele nos salva — edificando-nos em Cristo Jesus e fazendo com que permaneçamos nele.

Caro leitor, você pode procurar isso diariamente e não ficará desapontado. Aquele em quem você confia fará você ser como uma árvore plantada junto a correntes de águas, tão preservada que nem mesmo sua folha murchará[1]. Que força para uma igreja é um cristão confirmado! Ele é um consolo para os tristes e uma ajuda para os fracos. Você não gostaria de ser assim? Os cristãos confirmados são pilares na casa do nosso Deus. Eles não são levados por todo vento de doutrina, nem derrubados por tentações repentinas. Eles são um excelente esteio para os outros e atuam como âncoras em tempos de angústia

---

[1] Conforme Salmo 1:3

na igreja. Você, que está começando na vida santa, dificilmente ousa esperar tornar-se como eles. Porém, não precisa temer; o bom Senhor agirá em você tanto quanto neles. Um dia desses, você, que agora é um "bebê" em Cristo, será um "pai" na igreja. Espere por essa coisa grandiosa, mas como uma dádiva da graça, e não como o salário do trabalho ou o produto de sua própria energia. O inspirado apóstolo Paulo fala dessas pessoas como sendo confirmadas até o fim. Ele esperava que a graça de Deus as preservasse pessoalmente até o fim da vida delas, ou até que o Senhor Jesus viesse. De fato, ele esperava que toda a Igreja do Senhor, em todos os lugares e em todos os tempos, fosse mantida até o fim da dispensação, até que o Senhor Jesus, como o Noivo, viesse para celebrar a festa de casamento com Sua perfeita Noiva. Todos os que estão em Cristo serão confirmados nele até aquele magnífico dia. Não disse Ele "porque eu vivo, vós também vivereis" (JOÃO 14:19)? E Ele afirmou: "Eu lhes dou a vida eterna; jamais perecerão, e ninguém as arrebatará da minha mão" (JOÃO 10:28).

Aquele que começou uma boa obra em você a confirmará até o dia de Cristo. A obra da graça na alma não é uma reforma superficial; a vida implantada com o novo nascimento provém de uma semente viva e incorruptível, que vive e permanece eternamente; e as promessas de Deus feitas aos que creem não são de caráter transitório. Entretanto, para o seu cumprimento, é imprescindível o cristão manter-se em seu caminho até chegar à glória eterna.

Nós somos guardados pelo poder de Deus, mediante a fé para a salvação. "O justo segue o seu caminho" (JÓ 17:9). Não como resultado de nosso próprio mérito ou força, mas como uma dádiva do favor gratuito e imerecido. Quem crê é "[guardado] em Jesus Cristo" (JUDAS 1:1). Jesus não perderá nenhuma das ovelhas do Seu aprisco; nenhum membro do Seu Corpo morrerá; nenhuma pedra preciosa do Seu tesouro faltará no dia em que Ele compuser as Suas joias. Caro leitor, a salvação recebida pela fé não dura meses e anos, porque o nosso Senhor Jesus obteve para nós a salvação eterna, e o que é eterno não pode ter fim.

Paulo declara também sua expectativa de que os santos de Corinto fossem confirmados como irrepreensíveis até o fim (1 CORÍNTIOS 1:8). Essa inculpabilidade é uma parte preciosa da nossa guarda. Ser mantido santo é melhor do que simplesmente ser mantido seguro. É terrível ver pessoas religiosas tropeçando de uma desonra para outra; elas não creram no poder do nosso Senhor de torná-las irrepreensíveis. A vida de alguns cristãos professos é uma série de tropeços; eles nunca estão totalmente abatidos, mas raramente estão de pé. Isso não é adequado a um cristão; ele é convidado a andar com Deus e, pela fé, pode obter a perseverança constante na santidade — e deve fazê-lo. O Senhor é capaz, não só de nos salvar do inferno, mas também de evitar que caiamos. Não precisamos ceder à tentação. Não está escrito "o pecado não terá domínio sobre vós" (ROMANOS 6:14)?

O Senhor é capaz de guardar os pés dos Seus santos e o fará se confiarmos nele para isso. Nós não precisamos contaminar as nossas vestes: podemos por Sua graça mantê-las sem manchas do mundo. Somos obrigados a fazer isso, porque sem santidade "ninguém verá o Senhor" (HEBREUS 12:14). O apóstolo profetizou àqueles cristãos o que ele gostaria que buscássemos — conseguir manter-se "[irrepreensível] no Dia de nosso Senhor Jesus Cristo" (1 CORÍNTIOS 1:8).

Certa versão da Bíblia diz "irreprováveis" em vez de "irrepreensíveis". Possivelmente, uma tradução melhor seria "incontestáveis". Deus conceda que, naquele último dia grandioso, possamos estar livres de toda acusação, para que ninguém em todo o Universo ouse desafiar a nossa afirmação de sermos os redimidos do Senhor. Temos pecados e enfermidades a lamentar, mas esses não são o tipo de falhas que provariam que não estamos em Cristo; estaremos livres de hipocrisia, engano, ócio e satisfação no pecado, porque essas coisas seriam acusações fatais. Apesar das nossas falhas, o Espírito Santo pode gerar em nós um caráter imaculado diante dos homens, de modo que, como Daniel, não daremos ocasião a línguas acusadoras, exceto no tocante à nossa religião.

Multidões de homens e mulheres piedosos exibiram vidas tão transparentes, tão consistentes do início ao fim, que ninguém poderia contradizê-los. Será que o Senhor poderá dizer de muitos cristãos o que disse de Jó, quando Satanás se apresentou a Ele: "Observaste o meu servo Jó [...], homem íntegro e reto, temente a Deus e que se desvia do mal" (JÓ 1:8)? Isso é o que meu leitor precisa buscar nas mãos do Senhor. Esse é o triunfo dos santos — continuar a seguir o Cordeiro aonde quer que Ele vá, mantendo nossa integridade como que perante o Deus vivo. Que nunca venhamos a desviar-nos para caminhos tortuosos e a dar motivo ao adversário para blasfemar.

Acerca do verdadeiro cristão está escrito: "Aquele [Jesus] que nasceu de Deus o guarda, e o Maligno não lhe toca" (1 JOÃO 5:18). Que isso possa ser escrito acerca de nós!

Amigo que está apenas no início da vida divina: o Senhor pode lhe conceder um caráter irrepreensível. Ainda que em sua vida passada você tenha caído muito em pecado, o Senhor pode livrá-lo totalmente do poder dos hábitos anteriores e torná-lo um exemplo de virtude. Ele pode não apenas torná-lo moral, mas também fazê-lo abominar todo falso caminho e seguir tudo que é santo. Não duvide disso. O principal dos pecadores não precisa ficar sequer um pouco atrás do mais puro dos santos. Creia nisso e, segundo a sua fé, assim lhe será.

Ó, que alegria será ser achado irrepreensível no Dia do Juízo! Nós não cantamos equivocados quando nos juntamos àquele hino encantador: "Ousado ficarei naquele grande dia / Pois quem me acusará / Quando por Teu sangue absolvido sou / Da tremenda maldição e vergonha do pecado?".[2]

Que bem-aventurança será usufruir dessa destemida coragem quando o Céu e a Terra fugirão da face do Juiz de todos! Essa bem-aventurança será a porção de todo aquele que buscar somente a graça de Deus em Cristo Jesus e, nesse sagrado poder, travar guerra contínua contra todo pecado.

Perguntas para estudo bíblico
1. Leia novamente 1 Coríntios 1:1-9.
2. Referindo-se às suas anotações do capítulo anterior, o que os ouvintes originais pensavam precisar fazer para ser "guardados" por Deus?

Perguntas para reflexão pessoal
1. Você sente que algo que você faz regularmente o "mantém" nas "boas graças" de Deus? Por quê?
2. Como seria renunciar a fazer isso com uma mentalidade de lucro e começar a fazê-lo como um filho de Deus escolhido, confirmado e guardado pelo Pai?

---

[2] John Wesley, *Galilee or Gethsemane*, 1740.

Oração

Peça a ajuda de Deus nessa área. Arrependa-se por ter um coração disciplinado por sua própria força e peça ao Senhor que discipline e conforme o seu coração ao dele.

Capítulo 19

POR QUE OS SANTOS PERSEVERAM

Já vimos que a esperança que encheu o coração de Paulo no tocante aos irmãos de Corinto era repleta de consolação para aqueles que receavam quanto ao seu futuro. Porém, por que esse apóstolo acreditava que os irmãos seriam confirmados até o fim? Desejo que você perceba que ele apresenta as suas razões. Ei-las: "Fiel é Deus, pelo qual fostes chamados à comunhão de seu Filho Jesus Cristo" (1 CORÍNTIOS 1:9). Paulo não afirma: "Vós sois fiéis". Ai de mim! A fidelidade do homem é algo pouco confiável; é mera vaidade. Ele não diz: "Tendes ministros fiéis para liderar-vos e guiar-vos; portanto, confio em que estareis seguros". Ó, não! Se formos guardados por homens, seremos apenas mal guardados. Ele declara: "Fiel é Deus". Se formos encontrados fiéis, será porque Deus é fiel. Todo o fardo da nossa salvação precisa recair sobre a fidelidade do nosso Deus de alianças. Esse glorioso atributo de Deus é o pivô da questão. Nós somos variáveis como o vento, frágeis como a teia de aranha, fracos como a água. Nada pode depender de nossas qualidades naturais ou realizações espirituais, mas Deus é fiel. Ele é fiel em Seu amor; Ele não conhece variação, nem sombra de mudança. Ele é fiel ao Seu propósito; Ele não inicia uma obra e depois a deixa por fazer. Ele é fiel aos Seus relacionamentos; como Pai, Ele não renunciará aos Seus filhos; como amigo, não negará o Seu povo; como Criador, não abandonará a obra de Suas próprias mãos. Ele é fiel às Suas promessas e nunca permitirá que qualquer uma delas falhe para com um único cristão. Ele é fiel à Sua aliança, que fez conosco em Cristo Jesus e ratificou com o sangue do Seu sacrifício. Ele é fiel ao Seu Filho e não permitirá que o Seu precioso sangue tenha sido derramado em vão. Ele é fiel ao Seu povo, a quem prometeu vida eterna e de quem não se afastará. Essa fidelidade de Deus é o fundamento e a pedra angular da nossa esperança de decisiva perseverança.

Os santos perseverarão na santidade, porque Deus persevera na graça. Ele persevera para abençoar e, por isso, os cristãos perseveram em ser abençoados. Ele continua a guardar o Seu povo e, por isso, este continua a guardar os Seus mandamentos. Esse é um bom e sólido terreno onde repousarmos e agradavelmente consistente com o título deste pequeno livro, *Totalmente pela graça*. Assim, o favor gratuito e a infinita misericórdia é que ressoam na aurora da salvação, e os mesmos doces sinos tocam melodiosamente durante todo o dia da graça.

Você vê que as únicas razões para esperar que sejamos confirmados até o fim, e então achados sem culpa, encontram-se no nosso Deus, mas nele essas razões são extremamente abundantes. Elas se apoiam primeiramente no que Deus fez. Ele foi tão longe em nos abençoar que não é possível para Ele voltar atrás. Paulo nos lembra que Ele nos chamou "à comunhão de seu Filho Jesus Cristo" (1 CORÍNTIOS 1:9). Ele nos chamou? Então o chamado não pode ser revertido, porque "os dons e a vocação de Deus são irrevogáveis" (ROMANOS 11:29). O Senhor nunca se afasta do eficaz chamado da Sua graça. "Aos que chamou, a esses também justificou; e aos que justificou, a esses também glorificou" (ROMANOS 8:30). Essa é a regra invariável do procedimento divino. Há um chamado comum, do qual é dito: "muitos são chamados, mas poucos, escolhidos" (MATEUS 22:14), mas esse em que estamos pensando agora é outro tipo de chamado, que denota um amor especial e necessita da posse daquilo a que somos chamados. Nesse caso, ocorre com quem foi chamado o mesmo que com a semente de Abraão, da qual o Senhor disse "tu, a quem tomei das extremidades da terra [...] e a quem disse: Tu és o meu servo, eu te escolhi e não te rejeitei" (ISAÍAS 41:9).

No que o Senhor fez, vemos fortes razões para nossa preservação e glória futura, porquanto o Senhor nos chamou à comunhão com Seu Filho Jesus Cristo. Isso significa uma parceria com Jesus Cristo, e eu gostaria que você considerasse cuidadosamente o significado disso. Se você foi, de fato, chamado pela graça divina, entrou em comunhão com o Senhor Jesus Cristo para ser, com Ele, coproprietário de todas as coisas. Daqui em diante, você é um com Ele aos olhos do Altíssimo. O Senhor Jesus carregou os seus pecados em Seu próprio corpo no madeiro, fazendo-se maldição por você; ao mesmo tempo, tornou-se a sua justiça, para que você seja justificado nele. Você é de Cristo, e Cristo é seu. Assim como Adão representou os seus descendentes, Jesus representa todos os que estão nele. Como marido e mulher são um, Jesus é um com todos os que estão unidos a Ele pela fé; unidos por um laço conjugal que nunca poderá ser rompido. Mais do que isso, os cristãos são membros do Corpo de Cristo e, assim, são um com Ele por meio de uma união amorosa, viva e duradoura. Deus nos chamou a essa união, a essa comunhão, a essa parceria — e, por esse mesmo fato, nos deu o sinal e a promessa de sermos confirmados até o fim.

Se fôssemos considerados separados de Cristo, seríamos pobres componentes perecíveis, logo dissolvidos e levados para destruição; porém, por sermos um com Jesus, tornamo-nos participantes da Sua natureza e somos dotados da Sua vida imortal. O nosso destino está ligado ao do nosso Senhor e, enquanto Ele não puder ser destruído, não será possível perecermos. Medite muito nessa parceria com o Filho de Deus para a qual você foi chamado, pois toda a sua esperança está nela. Você nunca poderá ser pobre enquanto Jesus for rico, uma vez que você está em uma sociedade com ele. A carência jamais poderá atacá-lo, visto que você é coproprietário daquele que é o Dono do Céu e da Terra. Você nunca poderá falhar, porque, embora um dos sócios seja pobre como um camundongo de igreja e totalmente falido, alguém que não poderia pagar sequer uma pequena parte de suas pesadas dívidas, o outro sócio é inconcebivelmente, inesgotavelmente rico. Em tal parceria, você é elevado acima da depressão dos tempos, das mudanças do futuro e do choque do fim de tudo.

O Senhor o chamou à comunhão com Seu Filho Jesus Cristo e, por esse ato e instrumento, colocou você no lugar de proteção infalível. Se você é realmente cristão, é um com Jesus e, portanto, está seguro. Você não vê que só pode ser assim? Você precisa ser confirmado até o fim, até o dia do aparecimento de Cristo, se realmente foi feito um com Jesus pelo ato irrevogável de Deus.

Cristo e o cristão pecador estão no mesmo barco: se Jesus não afundar, o cristão nunca se afogará. Jesus colocou os Seus redimidos em tal conexão com Ele mesmo, que precisa Ele ser primeiramente ferido, vencido e desonrado antes que o menor dos Seus remidos possa ser ferido. Seu nome está à frente da companhia e, enquanto o Senhor não puder ser desonrado, estaremos seguros contra todo medo de fracasso. Então, com a maior confiança, avancemos para o futuro desconhecido, eternamente unidos a Jesus. Se os homens do mundo indagarem: "Quem é esta que sobe do deserto e vem encostada ao seu amado?" (CÂNTICO DOS CÂNTICOS 8:5), confessaremos com alegria que somos nós que nos apoiamos em Jesus e pretendemos nos apoiar nele cada vez mais.

Nosso Deus fiel é um manancial do qual sempre flui deleite, e nossa comunhão com o Filho de Deus é um rio caudaloso de alegria. Conhecendo essas coisas gloriosas, não podemos desanimar; não — antes, bradamos com o apóstolo: "Quem nos separará do amor de Cristo?" (ROMANOS 8:35).

Perguntas para estudo bíblico
1. Leia novamente 1 Coríntios 1:1-9.
2. Pense de 10 a 20 momentos, nas Escrituras, quando Deus fez o que prometeu fazer.
3. Escolha um desses momentos e considere a maneira como o ouvinte original da promessa poderia ter se sentido quando não viu a promessa se cumprir durante muitos anos, ou nunca.

Perguntas para reflexão pessoal
1. O que a frase "Deus é fiel" significa para você? Por quê?
2. Cite uma área em que você percebeu que, apesar de sua infidelidade, o Senhor ainda é fiel?
3. Mencione uma área em que você tem medo de que Ele não seja fiel.

Oração

Pai, tu és fiel. Tu sempre terminas o que começas. Sempre concedes o que prometes. Sempre amas sem limites. Sempre governas sem fim. Sempre fazes o que dizes que farás. Eu posso confiar em ti. Tu és irrestritamente confiável. Tu és fiel, bondoso, justo, eterno, amoroso, generoso, misericordioso, maravilhoso e digno. Tu não tens fim e és sempre merecedor de adoração. Obrigado por isso se comprovar repetidas vezes. Estou maravilhado e sinto-me humilde. Obrigado. Amém.

Capítulo 20

Epílogo

Se o meu leitor não me seguiu passo a passo, ao ler estas minhas páginas, eu realmente sinto muito. A leitura de livros tem pouco valor se as verdades que passam diante da mente não são apreendidas, apropriadas e levadas a efeito na prática. É como se alguém visse uma abundância de alimentos em uma loja e, não obstante, permanecesse com fome por falta de comer alguns. Caro leitor, este nosso encontro terá sido em vão caso você não tenha, de fato, se apegado a Cristo Jesus, o meu Senhor. De minha parte, houve um claro desejo de beneficiá-lo e fiz o melhor possível para isso. Considerar não ter sido capaz de fazer bem a você abate-me, pois ansiava por conquistar esse privilégio.

Eu estava pensando em você quando escrevi esta página; coloquei minha caneta sobre a mesa e, solenemente, dobrei meus joelhos em oração por todos os que a lessem. Tenho a firme convicção de que muitos leitores serão abençoados, embora você se recuse a ser um deles. Porém, por que você deveria recusar-se? Se você não desejar a bênção especial que eu trago a você, pelo menos me faça a justiça de admitir que a culpa de sua condenação final não recairá sobre mim. Quando nós dois nos encontrarmos diante do grande trono branco, você não será capaz de me acusar de ter usado futilmente a atenção que você se agradou em me dedicar enquanto lia meu pequeno livro. Deus sabe que eu escrevi cada linha pelo seu bem eterno.

Agora, em espírito, eu tomo você pela mão e a aperto firmemente. Você sente o meu aperto fraternal? Há lágrimas em meus olhos enquanto olho para você e digo: "Por que você quer morrer? Você não está disposto a pensar em sua alma? Você deseja morrer por puro descuido? Ó, não faça isso! Avalie essas questões solenes e faça uma obra correta pela eternidade! Não recuse Jesus, Seu amor, Seu sangue, Sua salvação. Por que você deveria fazer isso? Você consegue fazê-lo? Eu lhe imploro, não se afaste do seu Redentor!".

Se, por outro lado, as minhas orações foram ouvidas, e você, meu leitor, foi levado a confiar no Senhor Jesus e receber dele a salvação pela graça, mantenha-se sempre nessa doutrina e nesse modo de vida. Seja Jesus o seu tudo, em todas as coisas, e deixe a graça, gratuitamente concedida, ser a única linha na qual você vive e se move. Não há vida como a de quem vive no favor de Deus. Receber tudo como uma dádiva gratuita preserva a mente contra a soberba farisaica e o desespero da autoacusação; aquece o coração com amor grato e, assim, cria na alma um sentimento infinitamente mais aceitável a Deus do que qualquer coisa que possa resultar do medo servil. Quem espera ser salvo, tentando fazer o melhor possível, nada sabe acerca daquele fervor cintilante, daquele calor santo, daquela alegria devota em Deus, que vem com a salvação concedida gratuitamente segundo a graça de Deus.

O espírito servil da autossalvação não se compara ao espírito alegre da adoção. Há mais virtude real na menor emoção da fé do que em todas as labutas dos escravos por obrigação legal ou em toda a maquinaria desgastada dos devotos que gostariam de

EPÍLOGO

subir ao Céu por meio de rodadas de cerimônias. A fé é espiritual, e Deus, que é espírito, se deleita nela por esse motivo. Anos de orações e idas à igreja ou à capela, cerimônias e representações podem não passar de uma abominação aos olhos de Jeová; porém, um vislumbre com os olhos da verdadeira fé é espiritual e, portanto, precioso a Ele. "São estes que o Pai procura para seus adoradores" (JOÃO 4:23).

Olhe primeiro para o homem interior e para o espiritual, e o restante sucederá no devido tempo. Se você for salvo, fique atento à alma do próximo. O seu próprio coração não prosperará se não estiver repleto de intensa preocupação em abençoar os seus semelhantes. A vida da sua alma reside na fé; a sua saúde está no amor. Quem não anseia por levar outros a Jesus jamais esteve sob o deslumbramento do próprio amor.

Dedique-se à obra do Senhor — a obra do amor. Comece em casa. A seguir, visite seus vizinhos. Ilumine a vila ou a rua em que você mora. Difunda a Palavra do Senhor onde quer que a sua mão alcance.

Leitor, encontre-me no Céu! Não desça para o inferno. Não há como voltar daquela morada de sofrimento. Por que você deseja entrar no caminho da morte quando o portão do Céu está aberto diante de você? Não recuse o perdão gratuito, a salvação plena que Jesus concede a todos os que nele confiam. Não hesite, nem demore. Já chega de deliberar — entre em ação. Creia em Jesus agora, com decisão plena e imediata. Leve com você as palavras e vá ao seu Senhor neste momento, hoje mesmo. Lembre-se, ó alma, pode ser agora ou nunca para você. Que seja agora! Seria horrível ser nunca. Mais uma vez, peço a você: encontre-me no Céu!

Reflexões pessoais:

Reflexões pessoais:

Reflexões pessoais:

Reflexões pessoais:

Reflexões pessoais:

Reflexões pessoais: